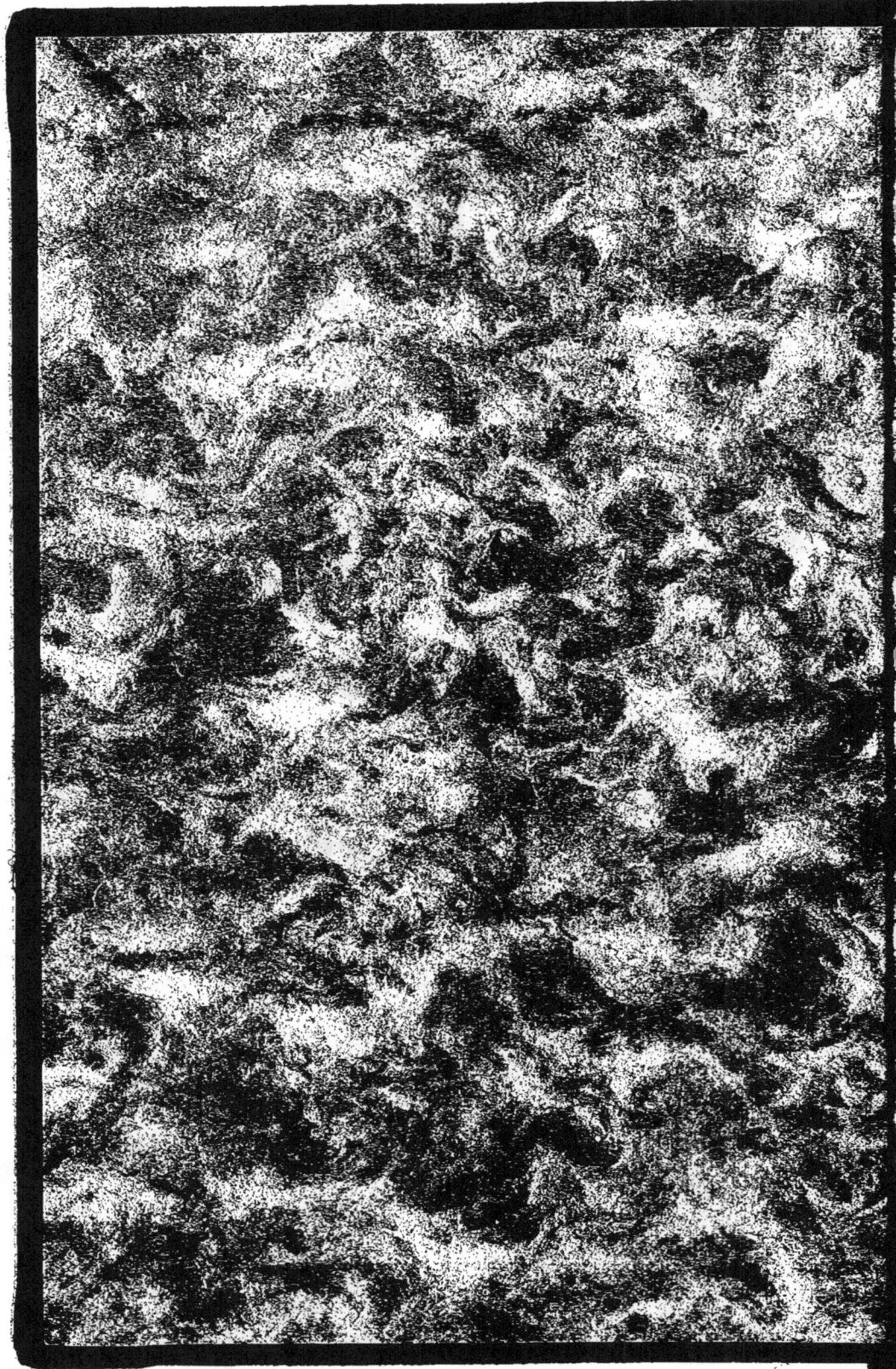

PROJET

DE

CODE PÉNAL UNIVERSEL.

DE L'IMPRIMERIE DE CRAPELET,
RUE DE VAUGIRARD, N° 9.

(C.)

PROJET

DE

CODE PÉNAL UNIVERSEL,

SUIVI

DU SYSTÈME PÉNITENTIAIRE;

PAR LE CHEV^{er} G. DE-GRÉGORY,

DOCTEUR EN DROIT CIVIL ET CANON, PRÉSIDENT HONORAIRE
EN LA COUR ROYALE D'AIX.

Leges sacratissimæ quæ constringunt hominum vitas,
intelligi ab omnibus debent, etc.
(LEG. 9, Cod. de Legibus).

PARIS.

CHEZ VIDECOQ, LIBRAIRE,

PLACE DU PANTHÉON, N° 6;

CHEZ REY ET GRAVIER, QUAI DES AUGUSTINS, N° 55.

X^{bre} 1832.

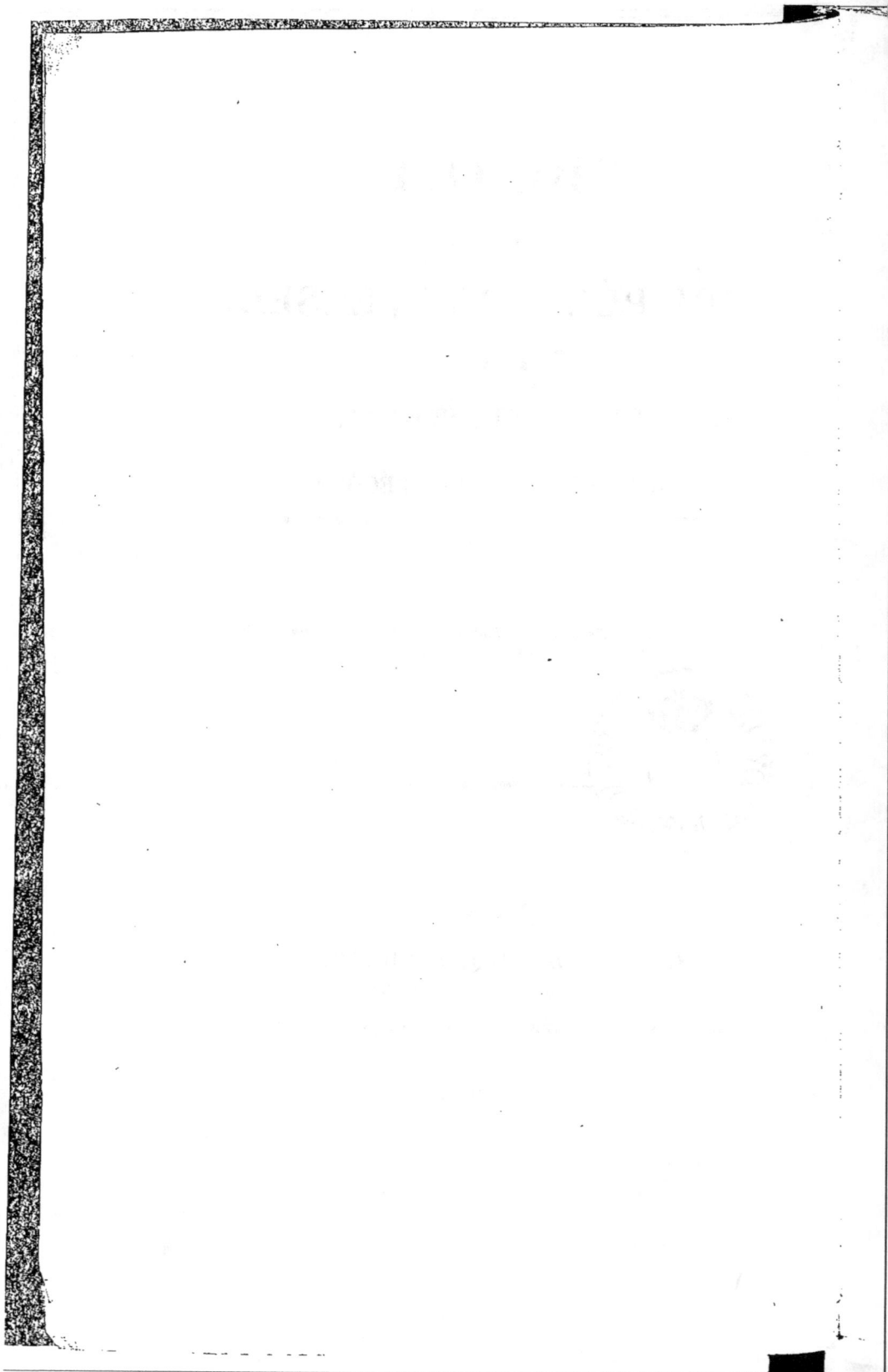

A MONSIEUR

LE COMTE PORTALIS, D'AIX,

PAIR DE FRANCE, GRAND CORDON DE LA LÉGION-D'HONNEUR,
PREMIER PRÉSIDENT DE LA COUR DE CASSATION.

MONSIEUR LE PREMIER PRÉSIDENT,

La dédicace d'un livre à un grand et illustre personnage est le tribut du respect : permettez, Monsieur le premier Président, que j'y ajoute celui de la reconnaissance.

Je dois à votre justice l'Ordonnance royale du 8 mai 1828, qui, attendu la suppression de la Cour impériale de Rome en 1814, m'attacha à celle d'Aix, en me conservant ainsi les mêmes rang et honneurs dans la Magistrature française, à laquelle, depuis 1802, je m'étais voué.

Mon Projet de Code pénal universel, sous les auspices du premier Magistrat du royaume, sera mieux accueilli par les Législateurs qui s'occupent de la réforme importante du système pénal. Tel fut l'objet de mes études, et mon désir le plus vif est celui d'être utile aux Rois et aux Peuples.

Daignez agréer, Monsieur le premier Président, cet hommage de ma reconnaissance et de mon profond respect.

Votre très humble et très dévoué serviteur,

CHEVALIER DE-GREGORY,
Président honoraire en la Cour royale d'Aix.

Paris, le 8 mai 1830.

N. B. Ce travail, encouragé par M. le comte Portalis, Ministre de la Justice, a été suspendu par suite des événemens politiques.

A MONSIEUR

LE CHEVALIER DE-GREGORY,

PRÉSIDENT HONORAIRE EN LA COUR ROYALE D'AIX (A PARIS).

MONSIEUR LE PRÉSIDENT,

J'accepte avec reconnaissance l'honneur que vous voulez bien me faire en plaçant mon nom en tête de votre ouvrage.

J'ai depuis long-temps associé mes efforts et mes vœux à ceux des amis de l'ordre et de l'humanité qui cherchent à résoudre de la manière la plus avantageuse pour la société et pour les citoyens, les problèmes si compliqués de la législation pénale.

De longs travaux et quelque expérience des hommes et des choses, m'autorisent à dire que ce ne peut être que l'ouvrage des temps et de la réflexion.

Vous me récompensez noblement du bonheur que j'ai eu de pouvoir faire rétablir votre nom sur le tableau de la Magistrature française, qui vous revendiquait, et à laquelle il est si glorieux d'appartenir.

Recevez, je vous prie, Monsieur le Président, les assurances de mon ancien attachement, et de ma considération la plus distinguée.

Le premier Président, COMTE PORTALIS.

A Passy, ce 27 septembre 1832.

ERRATA.

Page 9, Congrès de Vienne, *lisez* : Vérone.
40, Trebonien, *lisez* : Tribonien.
70, Lege I. Cod., *lisez* : Leg. VII, Cod.
95, Billots, *ou bien* : Ceps.
134, Majeur de 21 ans, *lisez* : Mineur de 21 ans.
Ibid., Mineurs de 14 ans, *lisez* : Majeurs de 14 ans.
255, De sa chance, *lisez* : de son essence.

------ ❊ ------

ADDENDA.

Page 119 (Note 1 *bis*). Les récidives en France sont en proportion de 1 à 4 ; ainsi, sur 16,000 condamnés, il y a eu
4,000 repris de justice. Ce nombre va toujours croissant.
Voyez le Rapport du Ministre de la Justice, de 1830, p. 16.

Page 124 (Note 2 *bis*). L'âge de l'effervescence est partout
l'âge des délits. En Amérique, on compte 1 détenu sur 2 individus de l'âge de vingt à trente ans ; 1 sur 5 de quarante à
cinquante ans ; 1 sur 9 de cinquante à soixante ans. Cette
statistique s'accorde avec celle que nous avons offerte, en
avril 1805, à l'empereur Napoléon, à son passage en la ville
d'Asti, chef-lieu du département du Tanaro.

AVANT-PROPOS.

La solidité d'un gouvernement et sa tranquillité intérieure, sont essentiellement basées sur la *bonté*, la *clarté* (1) et la *stabilité* de ses lois.

C'est à elles que tous les citoyens d'un État politique doivent, sans distinction de classe ni de fortune (2), obéir sans espoir ni d'impunité ni de grâce.

Persuadé de ces principes, et animé de l'expérience d'une longue magistrature presque toujours exercée dans la poursuite très pénible des crimes, nous jugeâmes utile d'extraire des diffé-

---

(1) « *Lex debet esse* clara, brevis, *atque* perspicua », tel est le précepte d'Ulpien, *de Legibus*. Filangieri ajoute que la loi criminelle doit être inaltérable, claire et positive; Vattel dit qu'elle ne doit jamais être abandonnée à l'équité des juges. Enfin, l'empereur de la Chine, dans le préambule du code de 1725, s'exprime en ces termes : « Nous « avons considéré que nos diverses institutions ont rendu « le code pénal trop compliqué, et les règles moins claires « et moins précises; en conséquence il est utile de le ré- « former. »

(2) *Audite illos, et quod justum est judicate, sive civis sit ille, sive peregrinus : nulla erit distinctio personarum ; ita parvum audietis ut magnum.* (Deuter., cap. 1; Levitic. 19.)

I

rens codes (1) jusqu'ici publiés, les articles, les définitions et les spécialités que nous avons crus les plus avantageux, les plus propres à former un projet de code pénal universel, que nous offrons à la France, notre patrie d'adoption, et aux Rois de l'Europe (2), dont nous apprécions la sincère volonté de faire la félicité de leurs peuples, et d'administrer de telle manière que ceux-ci craignent plus le danger d'être enlevés de leur domination paternelle, que les premiers de perdre leur couronne. On nous observera, peut-être, qu'il est impossible de créer une législation pénale qui puisse également servir aux habitans du midi de l'Europe et à ceux du nord; on nous objectera que, d'après Montesquieu, les lois doivent être

---

(1) Code de Charles V, dit *la Caroline*. — Constitutions du Piémont, 1770, liv. iv. — Codes de Toscane, 1786, 1795, 1807. — Code d'Autriche, 1804. — Code français, 1810. — Code de Naples, 1819. — Code de Ticino, 1816. — Code de Parme, 1820. — Code de la Louisiane, 1825. — Code de la Chine, 1725. — Enfin 1832, Code pénal romain. — Blackstone, *sur les Lois criminelles d'Angleterre*, et Muyart, *sur l'ancien Code français*.

(2) La Bavière, la Suède, la Sardaigne, la Russie, l'Amérique et plusieurs autres gouvernemens, s'occupent d'un code pénal, et sir Mackintosh, en 1820, est parvenu à faire adopter quelques modifications au gothique système pénal de l'Angleterre, où les peines trop sévères étaient souvent éludées. *Voyez* Rey, *sur la Défectuosité de la Législation anglaise.*

adaptées au climat (1), aux habitudes, aux mœurs des nations. Nous répondrons que l'action malfaisante qui constitue le crime d'assassinat, de vol, de faux, d'incendie, en France, cette action doit conserver son même caractère de criminalité en Russie, en Espagne, en Autriche, en Italie, en Angleterre, en Amérique, et que vouloir établir une peine plus sévère et disproportionnée à la nature du crime, à cause de l'inclination d'un peuple à une espèce de crime plus qu'à une autre, ce n'est pas là le meilleur moyen, ni le plus sûr pour empêcher une action malfaisante. Nous observons en effet que la trop grande sévérité de notre Code pénal de 1810, code précipité dans sa rédaction (2) et dans sa sanction, à

---

(1) Cardin et Bodin avaient déjà parlé de l'influence du climat sur les mœurs d'un peuple, et avant eux Polybe nous avait appris qu'il fallait contenir les peuples du nord dans le devoir par la force des armes, ceux du midi par la religion et la crainte des dieux, et tous les autres par la modération. (Polybius, lib. v, cap. 1.) Nous croyons cependant que le climat peut influer sur le physique et sur le moral de l'homme, non comme cause absolue, mais relative, facile à modifier par de sages institutions qui corrigent les habitudes et les préjugés nationaux.

(2) Napoléon, glorieux de la paix de Vienne, revenait à Paris en novembre 1809. Le Conseil d'État, d'après l'étiquette, fut admis à lui faire son compliment; l'Empereur, dans sa réponse, demanda compte du projet de Code pénal pour être présenté de suite au Corps Législatif : alors le travail, qui était en retard, fut accéléré et mal dirigé. La

laquelle nous avons pris part comme député de
la Sesia ; nous observons que sa sévérité est très
souvent éludée par la déclaration du jury, par la
clémence des juges, ou par la subreption de la
grâce royale, surtout après l'établissement d'un
modèle de régime pénitencier (1) qui transforme
les plus féroces criminels, des êtres qui ont perdu
dans la corruption toute sensibilité morale, en
hypocrites qui, en sortant des bagnes, abandonnent la peau de l'agneau dont ils s'étaient
couverts, et reprennent celle du loup pour infecter le troupeau social. Si un crime déterminé
est fréquemment commis dans un pays, c'est à
la police d'exercer son action, de mettre plus
de vigilance, afin de prévenir les crimes d'habitude ; alors les magistrats doivent redoubler de
fermeté et de célérité dans les poursuites ; car
tout retard, s'il est une peine non méritée pour
l'innocent, est d'ailleurs une faveur mal entendue pour le criminel, tandis qu'il diminue l'effet
de l'exemple ; et loin de frapper d'indignation

---

loi du 28 avril 1832 a réparé en partie ce défaut, mais les
proportions d'une peine à l'autre ne sont plus en harmonie ;
ce que nous nous réservons de démontrer. Nous prouverons
de plus qu'une réforme totale était nécessaire.

(1) Nous avons visité, en août 1831, les maisons pénitenciaires de Genève et de Lausanne ; nous avons reconnu de
graves inconvéniens qu'une philanthropie mal entendue et
sans expérience y a fait adopter ; nous nous réservons d'en
parler dans un *Appendix*.

le peuple, si la peine ne suit de près le crime,
par le retard elle excitera la miséricorde. Le magistrat pourra encore, pour diminuer les crimes
habituels, infliger le *maximum* de la peine
établie. Nous pensons que la base juste de tout
code pénal doit être fondée sur la loi naturelle(1)
que le Créateur a gravée dans le cœur des hommes, de laquelle dérive la connaissance du bien
et du mal en général, même parmi les nomades
et les sauvages. Au reste, nonobstant les variétés
du climat, les chrétiens et les islamites (2) n'ob-
servent-ils pas, sous différens degrés de latitude,
les préceptes de leurs religions? Les ordres mo-
nastiques répandus sur la surface des quatre
parties du monde ne suivent-ils pas, sous des
climats opposés, la règle de leurs fondateurs?

Pourquoi donc ne serait-il pas possible de
sanctionner un code pénal universel (3) qui

---

(1) *Jus civile est quod neque in totum a naturali vel gentium
recedit, neque per omnia ei servit.* (Ita Ulpianus, Lege 6,
de Justitia et Jure.)

(2) On peut regarder ces deux religions comme les dominantes sur la surface du globe. Dieu veuille bien préserver
les chrétiens de devenir les victimes des islamites, lorsque,
par la nouvelle discipline militaire, ils auront acquis la
force et les moyens de la conquête!

(3) Montesquieu, en disant qu'*il est un très grand hasard
si les lois d'une nation peuvent convenir à une autre*, n'a
parlé que des lois civiles et politiques, non des lois criminelles : cependant nous observons que le Code civil d'Au-

fût précis, clair, avare de peines capitales ou
trop graves; un code qui déclarât criminelles les
seules actions et omissions préjudiciables à l'État,
à l'ordre public et aux particuliers ; un code
enfin qui mît une juste proportion entre la peine
et la gravité du crime? Un tel code fera disparaître en premier lieu les lois pénales qui sont
conçues dans des termes obscurs, lesquelles
donnent prise à l'acquittement ou à la condamnation, suivant le bon plaisir (1) des juges; 2°. il
simplifiera les lois pénales trop multipliées, et
qui se perdent dans des détails contre les préceptes des jurisconsultes Celse et Julien, au
code romain; 3°. enfin un tel code ôtera cette
bigarrure de législation qu'on observe avec éton-
nement parmi des États limitrophes, où par exemple un vol domestique simple de 200 francs (2)

---

triche de 1811, ceux postérieurs de Naples, de Parme et
d'autres États, sont en grande partie basés sur notre Code
civil Napoléon, ce qui est contre l'opinion précitée, même
à l'égard du droit civil.

(1) *Non domus, non liberi, non conjux quibus ne nostra
quidem vita nobis carior est in tuto erunt, si magistratui
potestatem feceris quidquid libere statuendi.* (Vide Melanchthon, *de Legibus oratio.*)

(2) *Qui enim nullam facit differentiam delictorum, aut
levia magnis suppliciis afficienda censet, quod est crudelis
judicis, aut gravia parvis, quod est dissoluti, utrumque reipu-
blicæ incommodum. Si enim summa scelera leviter punian-
tur, audacia malis crescit ad facinora majora, et si levibus*

est puni de mort, tandis qu'en France il est puni par la réclusion; bigarrure qu'on pourrait citer à l'égard de plusieurs autres crimes. Que résulte-t-il de cette disproportion et de cette sévérité? Il en dérive qu'aucun maître ne veut voir son domestique pendu, et que les vols ne sont pas dénoncés; qu'ils sont plus fréquens parce qu'ils sont impunis; il en résulte aussi que les juges, les jurés, cherchent les moyens d'éluder la loi en déclarant que le crime, ou la culpabilité ne sont pas suffisamment constatés (1), moyens qui malheureusement sont trop pratiqués; et l'on voit par les comptes généraux de l'administration de la justice criminelle en France, depuis 1825 à 1829, quel préjudice cette disposition cause à l'ordre social et au trésor public, qui a supporté des frais considérables de poursuites.

Que la loi soit partout la même, contre l'atteinte à l'ordre public, contre l'abus de confiance, contre l'attaque de la propriété individuelle; mais que cette loi soit proportionnée à la nature et aux circonstances du crime, d'après le précepte du

---

delictis pœna gravior irrogetur, multi cives, quoniam nemo sine delicto esse potest, in periculum venient, qui correpti possent esse meliores. (Lactantii, Epitom., cap. 38.)

(1) Nous avons plus d'un exemple de cette allégation en examinant les décisions de la chambre d'accusation, ou bien la manière défectueuse dont les questions à juger ont été posées par les présidens des cours d'assises pour obtenir la délibération des jurés favorable au prévenu.

célèbre Barbacovi (1) : que la même règle soit
suivie pour les délits et pour les contraventions
de simple police, car une échelle de proportion
est nécessaire. Laissons au législateur le soin de
déterminer le degré plus ou moins fort de la
peine, suivant qu'un crime spécial est plus ou
moins fréquent dans un pays ; mais éloignons
tout pouvoir arbitraire laissé aux juges pour
diminuer les peines (2) ou bien pour sortir des
limites du cercle qui leur est tracé.

Avant de passer au développement de notre
projet de code pénal, nous croyons nécessaire
de parler des moyens de prévenir les crimes,
les délits, et même les contraventions : cette
dissertation est d'une très grande importance,
et nous l'avons puisée en partie dans le traité de
Virgile Barbacovi (3), magistrat distingué de la
ville de Trente, lequel conseille aux législateurs de
soustraire les citoyens aux délits, plutôt par des
institutions utiles que par la terreur des peines.

Nous y ajouterons un paragraphe spécial sur
l'utilité de l'instruction populaire, article qui,

---

(1) *Nil frequentius est quam idem crimen alibi lenius, alibi
durius puniri.* (Lib. 1, 1810, typis Tridentinis.)

(2) *Porro ubi magistratuum arbitrio sine certis legibus res
judicatur, cum in imperitorum, sæpe etiam improborum potestate jus sit, fit ut per imperitiam sæpe magistratus æqui
et iniqui discrimen non perspiciat.* (Vide *Melanchthon*.)

(3) *De Criminibus avertendis liber unicus.* Trident. 1815.

dans notre siècle, est un sujet de controverse parmi les philosophes et les politiques.

Si nous ne répondons pas tout-à-fait aux désirs de nos lecteurs par défaut de lumière, qu'ils soient au moins persuadés que nous avons apporté dans cet ouvrage, fruit de plusieurs années de travail, toute la meilleure intention, avec cette froideur d'esprit que nous avons eu le bonheur de contracter dans l'exercice des pénibles fonctions du ministère public, depuis 1802 jusqu'à 1810, et ensuite dans la haute magistrature. Notre pensée fut uniquement dirigée vers la prospérité, vers la sûreté de toutes les nations civilisées, lesquelles ne doivent plus se considérer que comme des branches de la grande famille sociale (1), susceptible d'une législation uniforme, propre à augmenter leurs rapports commerciaux ; elles sont des branches régies par des lois fondamentales, des statuts particuliers, et par des princes qui ne peuvent désirer que le bien-être du peuple, par l'exécution ferme des lois, et par la pratique des vertus sociales.

Non aliud discordantis patriæ remedium fuit quam ut ab uno regeretur. (TACITUS, *Anal.* I.)

---

(1) *Voyez* la note du cabinet de Russie, donnée au congrès de Vienne le 26 novembre 1822, *ibi.* « Une partie de « la nation espagnole devrait se réunir à l'autre pour sauver « l'Espagne, et pour donner à cette puissance un rang plus « honorable dans la grande famille d'Europe. »

Des moyens de prévenir les Crimes, les Délits, les Contraventions.

Nous ne pouvons mieux traiter cet argument très intéressant et très utile pour la société civile, qu'en exposant et en développant les causes qui servent d'impulsion aux crimes et aux délits, causes que le sage législateur doit prévenir le plus possible ; qu'il apportera ainsi un remède au mal dont l'ordre public est menacé. .

Rien en essence n'est plus auguste pour un monarque, ni plus digne de sa sagesse, que de mettre tout l'intérêt et toute la fermeté (1) pour éloigner, en ce qu'il est possible, les hommes des mauvaises actions, pour les prévenir (2) plutôt que d'être obligé de les punir, ou de les corriger. A ce propos, le savant Blackstone dit que, si on consulte la raison, l'humanité et la saine politique, on comprendra aisément que la justice

(1) *Cum fortis armatus custodit atrium suum, in pace sunt ea quæ possidet* (S. Luc., cap. II). Le Dauphin, père de Louis XV, disait qu'il vaudrait mieux abroger une loi utile, que de la garder sans tenir la main à son exécution.

(2) De nouvelles théories se sont dernièrement développées sur le système de prévention comme contraire à la liberté individuelle, et on aime plutôt laisser aller le criminel à un principe d'action, que de prévenir le crime ; théorie absurde et sans expérience.

qui prévient le crime dans un gouvernement bien ordonné, est toujours préférable à la justice qui le punit. Il nous paraît que les moyens très propres à prévenir les crimes et les délits peuvent se partager en trois espèces.

Le premier consiste en ce que le législateur écarte, ou bien diminue les causes qui servent d'impulsion au vice ou d'occasion au crime.

Le second moyen se trouve dans l'emploi des pratiques capables de rappeler les citoyens de la voie du délit, et de les porter à bien agir.

Le troisième enfin, nous le croyons consister puissamment dans l'établissement d'institutions utiles à l'instruction publique.

§. I.

Des causes qui servent d'impulsion au vice et d'occasion au crime.

Nous estimons qu'il convient de distinguer ici les crimes médités contre la sûreté de l'état des crimes dirigés contre la tranquillité des particuliers.

Les causes impulsives aux crimes contre l'État, sont en général, 1°. l'ambition du pouvoir qui s'empare des têtes exaltées, car le désir de l'autorité et de la suprématie, chez toutes les nations, fut la cause la plus fréquente des malheurs publics et des vexations individuelles; 2°. la haine excitée contre le gouvernement, par des torts soufferts dans l'honneur, dans l'avancement, dans la retraite, ou dans la démission; 3° enfin l'avidité des richesses.

Les causes impulsives aux crimes contre les particuliers sont ordinairement, 1°. le plaisir de la vengeance; 2°. la cupidité de l'or, 3°. la brutalité des passions.

S'il nous est permis d'employer ici les paroles d'un grand magistrat (1), nous dirons : « Prince, « étouffez la paresse et l'indolence, aiguillonnez « par des récompenses, et animez l'homme au « travail ; n'oubliez plus cette vérité triviale et « si méconnue, que les premiers droits sont ceux « d'un mérite réel, et que les places appartiennent « aux hommes qui les ont conquises par des « connaissances utiles (2), et par des travaux « constans. »

_____

(1) *Voyez* Pastoret, *De la Législation pénale*, 1790, à Paris. Nous ajouterons ici qu'il ne faut pas que les places soient l'apanage des parens des ministres ou des courtisans, si on veut les maintenir en considération auprès du public.

(2) En Angleterre, les juges jouissent de la plus grande réputation pour leur science et pour leur impartialité, car le peuple est persuadé de l'attention des ministres à n'appeler à ces places très importantes que des citoyens recommandables par de très hautes qualités. L'aristocratie anglaise n'est pas, comme en certains pays, composée de familles privilégiées, dont toute la puissance consiste à vexer et à mépriser le peuple. En Angleterre, c'est l'aristocratie des richesses et des talens les plus notables; elle

Il nous paraît que dans ces paroles de M. Pastoret consiste le seul remède pour ôter le germe et les causes impulsives aux crimes, soit contre l'État, soit contre les citoyens : car si la paresse est le germe de tous les vices, et des crimes privés, d'autre part, le mérite négligé exaspère les hommes à talens contre le gouvernement qui admet aux places les intrigans.

Nous ajouterons qu'il a été observé par les plus célèbres juristes, que tout individu, avant de passer à l'action d'un crime, prémédite les moyens d'éluder la peine, ou, à toute extrémité, il se confie dans ses rapports de famille, dans ses protections pour obtenir la grâce du chef de l'État. Loin de nous le projet de ces politiques inexperts et tout-à-fait idéalistes, qui voudraient coloniser les condamnés aux travaux forcés, et même ceux des galères perpétuelles. Loin de nous aussi l'idée générale des maisons pénitenciaires, inapplicables à un grand État (1). Loin de nous

est la moins choquante de toutes, car chaque citoyen peut espérer de participer à ses avantages. Les docteurs de la grande académie, à la Chine, sont les seuls déclarés admissibles aux premières places de l'État, après avoir obtenu ce grade, moyennant un examen rigoureux et public de quinze jours sans interruption. *Voyez* le Code chinois précité.

(1) Nous avons examiné le projet des maisons pénitenciaires de M. Lucas; nous admirons son génie et sa philanthropie, mais les idées qu'il a empruntées de la législation de Genève sont applicables à un petit État où une seule

le projet insensé de ces politiques qui, à l'exemple de Moïse, désigneraient des villages pour asile
des malfaiteurs : tous ces remèdes, bien loin de
diminuer les maux de la société, encourageraient
les hommes méchans, toujours calculateurs, à
commettre des crimes avec l'espoir d'éluder ou
de diminuer la peine taxée par le code pénal.

Il faut que tous les citoyens soient pénétrés et
convaincus de la ferme et sévère activité de la
police judiciaire dans la poursuite des crimes,
et de la vigilance du gouvernement à prévenir
les moyens d'évasion de tout coupable, de quelque condition qu'il soit ; car le même savant
Pastoret dit : « Voulez-vous prévenir les crimes ?
« ne favorisez pas plus certains hommes (1) que

---

maison peut suffire. Dans un vaste empire elles seraient
illusoires et de difficile exécution.

Législateurs ! commencez par établir des maisons correctionnelles et des maisons d'arrêt, pour ne pas confondre
les prévenus avec les voleurs et les assassins, et vous aurez
déjà une grande amélioration sociale. Si vous voulez ensuite
suivre les modèles des maisons pénitenciaires de Genève et
de Lausanne, que nous avons visitées avec plaisir, n'en-
voyez dans ces maisons que les condamnés à moins de
quinze ans de travaux forcés ; car, pour les grands criminels, la peine serait trop douce, sans espoir d'amélioration
utile, tandis que l'assurance de grâce faciliterait les actions
criminelles. Lorsqu'il s'agira de récidive, ne vous con-
tentez pas de ces maisons, mais établissez des moyens
plus répressifs.

(1) Nous estimons que les juges, dans l'application des

« la MASSE EN GÉNÉRAL. » Le principe posé, que les crimes sont des offenses à la société politique, et que les peines ont pour objet de la garantir en la vengeant des outrages soufferts, il s'ensuit que le cœur du chef de l'État doit être, le plus possible, fort et réservé dans l'exercice du droit de grâce (2); il faut laisser tomber le glaive de la justice sur la tête du coupable; car, dit encore le publiciste français : « La clémence cesse d'être « une vertu quand elle cesse d'être liée à la « justice. »

Cette clémence sera liée à la justice dans les cas (3) où les juges, en reconnaissant l'applica-

---

degrés de la peine, doivent aussi avoir égard à la condition du coupable. Quoique la maxime légale *ignorantia juris neminem excusat* soit générale, cependant il est bien plus coupable dans certains cas, l'homme qui a reçu de l'instruction que le paysan ignorant.

(2) Le Code de la Toscane de 1807, article 115, a aboli le droit de grâce ou de commutation de peine, pour ôter ainsi aux criminels l'espoir de l'impunité ou de l'indulgence. Nous croyons qu'à cette disposition on doit la diminution des délits en Étrurie. L'empereur de la Chine, en dix espèces de crimes, ne peut faire grâce. *Voyez* le Code précité.

(3) Dans plusieurs États, on est habitué à accorder des grâces aux condamnés à certaines époques, à certaines fêtes de l'an. Par ces actes de clémence, sollicités par l'intrigue ou par l'arbitraire des autorités, on rend presque toujours à la société des malfaiteurs qui, peu de temps après, sont coupables de récidive.

tion trop rigoureuse de la loi, ou l'intervention de circonstances particulières, recommandent les condamnés au monarque, afin de leur obtenir la commutation de peine; dans tous les autres cas, cette clémence sera hasardée et préjudiciable à la tranquillité publique.

L'orateur écrivain nous apprend que « les lois « ont été établies pour le bonheur des citoyens « et pour la sûreté de la république. » Il faut donc que la loi pénale prenne un juste milieu entre la sévérité et l'indulgence (1), afin de concourir aux deux objets précités; il faut qu'elle porte directement un remède au mal social, qu'elle tarisse les sources du crime et du délit.

Ainsi, par exemple, la cause de tant de meurtres ou de blessures en rixe se trouve, dans plusieurs pays, avoir sa source dans l'habitude des jeunes gens de porter des armes cachées, croyant ainsi se rendre plus forts (2), et se faire mieux respecter dans les assemblées publiques.

---

(1) Il est étonnant de lire dans le recueil des lois anglaises (car cette nation éclairée n'a pas de code pénal) qu'à tout moment la peine de mort est indiquée, même pour le vol d'un schelling, vingt-quatre sous de France. Ces dispositions trop sévères sont éludées par la grâce ou par commutation de peine.

(2) Un jeune homme de dix-huit ans s'exerçait tous les jours au pistolet; interrogé par nous sur le motif de cet exercice dangereux, il répondit : « Pour me faire respecter, « et me battre au besoin. — Malheureux! répliquâmes-

Nous lisons que, non seulement à Athènes il était défendu de porter des armes en ville, sans nécessité, mais aussi à Rome par la loi *Julia*, *de vi publica*, laquelle, pas même à la campagne, ne permettait de retenir des armes autres que celles propres à la chasse ou à un voyage. De nos jours, tout le monde manie des armes défendues par les lois, les uns en payant une taxe à la police, les autres par goût ou par habitude. Ces armes sont fabriquées avec élégance, elles sont exposées en vente dans les boutiques, sur les marchés des villes les plus peuplées, et la loi pénale contre les fabricans, contre les porteurs d'armes défendues, se borne, en plusieurs pays, à de simples amendes; loi impuissante à ôter l'instrument qui sert de cause impulsive aux rixes, aux blessures et aux meurtres.

La grande quantité de cabarets, et de débitans de vin dans les villes, dans les bourgs et même dans les campagnes, les boissons altérées que souvent on y débite, contribuent à multiplier les ivrognes qui portent le désordre et le mauvais exemple dans l'intérieur des familles, et servent aussi à provoquer les disputes, les rixes, et à corrompre les mœurs. (1)

Pourquoi ne pourrait-on assigner un prompt

« nous, c'est de vos actions que vous devez attendre le « respect, et non d'une arme meurtrière et incertaine. »

(1) *Luxuriosa res, vinum, et tumultuosa ebrietas, quicumque his delectatur non erit sapiens.* (Proverb. 20, 1.)

2

remède à ce mal, en partageant les débitans de vin
en deux classes, savoir : débitans *extérieurs* (1)
et débitans *intérieurs*, et en assujettissant ces
derniers à une taxe financière plus forte, en
considérant comme un luxe, et non un besoin, la
multitude des cabarets pour y boire du vin.
Pourquoi la police vigilante ne serait-elle pas
tenue de faire des visites pour y reconnaître,
les jours de dimanches, et les lundis, les habitués des cabarets, y enregistrer leurs noms,
prénoms, professions, se faire exhiber par les
domestiques (2) et les artisans, leurs livrets, et y
noter l'époque de leur apparition au cabaret pour
en avertir ainsi les maîtres qui ne peuvent les surveiller, et les tenir en mesure sur leur conduite.

Le jeu de hasard, ce fléau de la société, qui
fait abandonner les études, les occupations
utiles (3), qui porte l'homme à la déception,

(1) En Toscane, il est permis à tout propriétaire de
vendre à sa porte la petite bouteille ; le pauvre, par ce
moyen, obtient du vin à bon marché, et les cabarets ne
sont pas peuplés comme à Paris.

(2) En Piémont, par la loi de 1829, du très sage roi
Charles-Félix, il est établi que tout domestique est tenu
d'avoir son livret, et les maîtres d'y annoter le jour de
l'entrée au service et le jour de la sortie, avec les motifs
du congé donné.

(3) Instituteurs de la jeunesse, imprimez dans la mé-
moire de vos élèves les deux vers suivans :

Dives eram dudum, fecerunt me tria nudum,
Alea, vina, Venus, per quæ sum factus egenus.

à l'escroquerie, au vol, et à toutes sortes de vices, le jeu, qui, par les lois 2 et 3 *de Aleatoribus*, était défendu à Rome, est maintenant un revenu pour le gouvernement, même dans plusieurs grandes villes d'Europe, et on se sert de cette taxe sur les jeux pour faire la police, pour secourir les hôpitaux, les pauvres, tandis qu'on multiplie les criminels, les suicides (1) et les malheurs dans les familles.

La cupidité de gagner de l'argent, de faire une rapide fortune, anime déjà en Angleterre et en France plusieurs personnes à jouer à la hausse et à la baisse sur les fonds publics.

De cette nouvelle espèce de jeu de hasard dérivent des banqueroutes nombreuses ; il arrive d'autres malheurs qu'il appartient au gouvernement d'éviter par de sages réglemens et par une administration sévère et loyale, qui ne donnerait pas lieu aux échanges dans les valeurs (2), ni aux méfiances dans le public.

La maxime politique, généralement adoptée, de donner au peuple du pain et des divertissemens, *panem et circenses*, cette maxime est souvent vicieuse dans sa seconde partie. Cette multitude de charlatans, de jongleurs, de gri-

_____

(1) La statistique de Paris présente plus de cent suicides par an, dont la moitié au moins est attribuée au jeu.

(2) Un moyen propre serait d'obliger les spéculateurs de bourse à faire les fonds dans une caisse de dépôt.

maciers et de femmes impudiques , qui disent la bonne aventure dans les villes et dans
les campagnes , alimentent les préjugés , la superstition (1) , l'immoralité chez le peuple , tandis que l'argent est escroqué par ces fourbes,
qui font perdre aux badauds un temps utile
au travail et à leur existence journalière. Éloignons cette espèce de vrais bourdons des sociétés qui sucent le miel, sans travailler.

Nous désapprouvons aussi ces spectacles des
petits théâtres où les assassins et les suicides font
l'amusement du public. Il ne faut pas donner
au peuple des combats de taureaux (2) , ni d'autres scènes sanglantes propres à inspirer le car-
nage et à habituer l'œil à l'effusion du sang, à la
cruauté , à la férocité, qui très facilement s'insi-
nue dans le cœur des spectateurs et surtout de
la jeunesse.

Cicéron nous apprend quels doivent être dans

_____

(1) Le docte pape Ganganelli nous apprend à être bien
réservé sur l'article des visions, et surtout à l'égard de
celles qui viennent des femmes . « Plus l'imagination tra-
« vaille, dit-il , plus on doit se défier de tout ce qui paraît
« extraordinaire. »

(2) En Espagne et à Rome , les spectacles les plus goûtés
sont des combats de taureaux contre des chiens , et même
contre des hommes , qui imitent les anciens gladiateurs.

Le peuple applaudit lorsque l'animal est victorieux et
l'humanité souffrante; ces applaudissemens ne peuvent
qu'influer sur les mœurs de la nation.

une république bien ordonnée les divertissemens
publics : ce sont les exercices du corps, les
courses, les danses, etc.

D'après les conseils de l'orateur romain, pourquoi, parmi les dépenses multipliées de chaque
ville, ne désigne-t-on pas des prix annuels pour
des courses à pied ou autres exercices gymnas-
tiques dans les jours de fêtes publiques; pourquoi des emplacemens ne sont-ils pas désignés
à cet objet et entretenus aux frais de chaque
commune ?

Les contestations, les procès civils, causent
non seulement la ruine des familles par suite
de l'argent qu'il faut débourser dans des taxes
fiscales d'enregistrement, des droits de greffe et
de consultations souvent hasardeuses et spé-
cieuses, qui servent à alimenter une multitude
d'hommes du barreau (1), mais aussi ces contestations ôtent la paix des familles en y introdui-
sant les haines, les chagrins, l'esprit de vengeance entre les parens les plus proches; elles
enfantent des accusations calomnieuses, elles

(1) Le roi de Prusse fut le premier à simplifier le code
de procédure; cet exemple a été suivi par l'Autriche : on a
fixé près de chaque cour aulique et de chaque tribunal un
nombre d'avocats, lesquels sont chargés de suivre la procédure très simple et l'*inrotolation* des actes. Ils sont responsables de toute négligence ou omission, et ils ne peuvent
recevoir d'honoraires que d'après la taxe fixée par les juges
au bas de chaque jugement.

excitent à de faux témoignages, de fausses écritures, à de faux sermens, à des crimes même les plus odieux. C'est sur ces motifs que le docteur de l'église, Saint Ambroise, nous conseille de s'éloigner des procès en disant que *litis dispendio carens non est mediocre lucrum.*

Les tribunaux sont nécessaires (1) pour juger des querelles des hommes, afin d'éviter entre eux la guerre privée, comme malheureusement il en est encore des nations entre elles, qui vident leurs différends par la force des armes.

Nous observons que le législateur pourra diminuer les procès, par des lois positives et uniformes entre les gouvernemens limitrophes; il pourra abolir tous les statuts et les usages locaux, les coutumes, par un code de procédure civil très simple, sur le modèle de ceux du Grand-Frédéric et de François Ier, empereur d'Autriche, diminuer les frais de justice et les vices du barreau.

Enfin la sage institution des juges de paix et des arbitres (2), mieux dirigée, servira aussi à diminuer les procès.

Ces hommes respectables termineront, par leurs lumières et par la confiance qu'ils inspireront

---

(1) Le célèbre Guillaume Penn obligea chaque canton de nommer trois arbitres ou pacificateurs.

(2) Les juges de paix, en Angleterre, sont élus parmi les citoyens les plus imposés.

au peuple, les contestations les plus vives, sans frais, et rétabliront entre les familles la concorde dans un très court délai.

Les économistes se sont jusqu'ici disputé sur les avantages ou les préjudices qui dérivent du luxe dans la société. Le savant Filangieri a développé cette question avec sagacité dans toute son étendue.

Nous pensons que la maxime *Est modus in rebus quem ultra citraque nequit consistere rectum,* que cette maxime est la plus sage règle à suivre.

Il appartient au chef suprême du gouvernement de reconnaître, par des tables statistiques et démonstratives dressées aux bureaux des douanes, si le commerce de son pays est en balance active, ou en balance passive : dans ce dernier cas il doit apporter des remèdes au mal, s'il ne veut pas voir ses sujets et conséquemment son trésor appauvri. Alors il faut, par des lois somptuaires, régler l'habillement, surtout des femmes, lesquelles ont de l'inclination et du goût pour ce qui vient de l'étranger et pour les modes les plus extravagantes (1), les plus coûteuses. Nous ne parlerons pas ici du luxe de table, de domestiques, de voitures, de chevaux, de chiens de chasse ; tous ces étalages de la richesse ont été taxés en Angleterre pour venir au secours

---

(1) Il était défendu à Rome de porter des boucles d'oreilles d'or pesant plus d'une once. (*Voyez* la loi *Oppia.*)

des pauvres; nous observerons seulement, que le luxe le plus dangereux, le plus nuisible au gouvernement, qui sert de cause impulsive aux crimes, dérive de cette mollesse, de cette ambition, qui, basée sur l'idée d'égalité sociale, préoccupe les têtes des artisans, des manufacturiers, et même des simples agriculteurs. Une manie de faire les seigneurs existe malheureusement, et à peine a-t-on gagné quelques capitaux, que l'on veut vivre sans travailler; on veut porter de beaux habits, avoir voiture, rivaliser avec les riches propriétaires. La classe des petits messieurs s'est par là prodigieusement accrue, l'artisan (1) a augmenté le prix de son travail au préjudice du propriétaire agricole; de plus encore, dégoûté de son état ou excité par l'ambition, il dédaigne que son fils exerce son métier, il veut en faire un docteur, un notaire, un avoué, et les professions libérales se multiplient ainsi en raison inverse des besoins et des produits.

C'est de là que dérivent tant de crimes, de

---

(1) Le préfet de Paris, département de la Seine, présent à la séance de la Société d'Agriculture du 16 novembre 1830, demanda aux membres d'indiquer les moyens prompts de décharger la ville de Paris de l'excédent de bras manufacturiers au préjudice de l'agriculture. Nous lui avons observé que l'homme cherche toujours l'utilité et l'agrément; qu'en conséquence il faudra rendre l'agriculture plus lucrative et plus agréable que la manufacture pour obtenir la solution du problème.

forfaitures, de concussions, d'escroqueries, commis par des hommes qui désertent les ateliers, la charrue, et qui, sans moyens d'existence, causent la perturbation de l'ordre et de la tranquillité sociale. L'historien Salluste nous apprend à ce propos : *Semper in civitate, ii quibus opes nullæ. sunt, bonis invident, malos extollunt; vetera odent, nova exoptant.* (Vid. *de Bello Catilinario.*)

Il est facile de parer au mal par des voies indirectes (1), en déterminant des pragmatiques à l'égard de l'habillement des fonctionnaires publics, afin de les distinguer de leurs justiciables ou de leurs administrés, en fixant des taxes très fortes comme cela se pratique en Angleterre pour l'admission des garçons aux cours des sciences, et pour leur réception aux grades de docteur, soit en fixant des examens annuels pour éloigner d'abord les ineptes et les paresseux (2)

---

(1) **Ovide**, *de Arte amandi*, liv. II, vers 179, nous dit :

Flectitur obsequio curvatus ab arbore ramus,
   Frangis, si vires experiere tuas :
Obsequio tranantur aquæ : nec vincere possis
   Flumina, si contra quam rapit unda, nates.
Obsequium tigresque domat numidasque leones.
   Rustica paulatim taurus aratra subit.

(2) Le roi de Prusse, par son édit du 23 août 1708, considérant, que les études étaient tombées dans le mépris parce que les paysans et les artisans prétendaient faire étudier leurs enfans, et qu'ils les entretenaient dans les universités et dans les colléges aux frais du public, sans faire

des écoles supérieures, soit en employant enfin tout autre moyen que la situation et la forme du gouvernement pourra permettre.

Les crimes de faux dans les monnaies, dans les timbres de l'État et billets de banque, que l'industrie et la cupidité de l'homme sont parvenus à imiter au préjudice de l'honneur d'une nation et de son commerce, tous ces crimes si fréquens peuvent se diminuer, peuvent s'éviter en grande partie par les administrateurs, en prescrivant que la matrice des monnaies d'or ne soit pas semblable à celle des monnaies d'argent, pour la dimension et la forme. On évitera alors les escroqueries si fréquentes par le moyen d'une pièce d'un *franc* dorée et débitée sur les marchés parmi d'autres pièces d'or : en prescrivant des timbres à sec et variés sur les papiers d'une même dimension et destinés à différens usages pour diminuer ainsi la contrefaction et la facilité d'altérer le chiffre indicatif du prix (1). C'est un devoir sacré pour les ministres d'État de ne

---

attention si leurs enfans avaient le génie et la capacité requise, au préjudice des manufactures et de l'agriculture : à ces causes, le roi ordonna aux inspecteurs des études d'éloigner les ineptes, les paresseux, ne permettant qu'on ne les instruisît que dans la religion, dans la lecture, l'écriture, et dans l'arithmétique.

(1) Dans quelques pays, par exemple, le timbre du papier de 3o cent. et sa dimension sont tellement semblables à ceux de 6o cent., que plusieurs notaires se trompent dans son

rien épargner pour rendre les contrefactions difficiles, afin d'éloigner les citoyens de la tentative du crime, établir la bonne foi dans le commerce, et la sûreté dans les transactions.

Les crimes de concussion pourront être sinon extirpés, au moins diminués, en adoptant la maxime de droit canon *Qui altari servit, de altare vivere debet,* maxime qui doit s'appliquer à toutes les classes et conditions des employés d'un état civilisé.

Il faut que les magistrats, les militaires, les administrateurs, les percepteurs des taxes et revenus publics, les officiers de police, que tous enfin soient honnêtement (1) et graduellement payés; il faudrait que tout employé qui veut se marier, ne fût pas dépourvu de tous moyens particuliers de fortune pour entretenir un ménage, une famille

---

emploi, et des altérations inaperçues ont souvent lieu dans les chiffres précités.

(1) Il est absurde et même dégoûtant de voir des receveurs et autres financiers jouir de traitemens et de remises très considérables, tandis qu'un magistrat est souvent exposé à la tentation de la corruption, à cause de la modicité de ses appointemens.

Dans tous les États d'Autriche, les conseillers et juges sont bien payés, mais leur conduite est sévèrement surveillée. Les conseillers, à Milan, ont 8,000 fr.; les présidens de cour, 20,000; le premier président, 30,000; les présidens de première instance, 10 à 12,000; les préteurs, 6,000, etc.

qui, très souvent, tombent à la charge du gouvernement après la mort de l'employé.

Il faut encore une sévère inspection sur les
mœurs et la conduite des fonctionnaires ; car
du vice à la corruption criminelle il n'y a qu'une
ligne facile à franchir.

Nous admirons à cet égard la prévoyance et la
générosité de l'empereur d'Autriche, qui, en diminuant les appointemens des premières places
administratives et financières, a établi entre elles
un degré de proportion et de convenance ; il a
donné aux magistrats des traitemens considérables pour les mettre à l'abri de toute corruption ; il les a dispensés du luxe de la représentation, luxe qui souvent les détourne de leurs importantes occupations, en les obligeant à passer
toute une soirée dans des étiquettes de salon.
En favorisant ainsi la magistrature, la loi a en
même temps établi des peines très graves pour
la moindre concussion ou corruption par des
dons (1) ou d'autres moyens indirects.

Les gouvernemens chrétiens doivent se péné-
trer de ce que Jésus-Christ nous a dit : *Qui
fidelis est in minimo, et in majori fidelis est;*

---

(1) *Munera, crede mihi, capiunt hommesque deosque;*
    Placatur donis Jupiter ipse datis.
   Quid sapiens faciat? Stultus quoque munere gaudet
    Ipse vir, accepto munere, mutus erit.
    (Ovidius, *de Arte amandi*, lib. III, vers 653.)

qui in modico iniquus est, et in majori est iniquus.
(Divus Lucas , Cap. xvi, 10.)

De cette maxime divine on doit tirer la conséquence, que les employés infidèles dans la moindre partie doivent être renvoyés, et alors on
évitera les péculats et la ruine totale de la famille du comptable.

La mendicité autorisée ou tolérée est un
foyer d'oisiveté ; elle est une source de vols , un
berceau d'immoralité et de bâtardise : les mendians d'habitude ne peuvent plus supporter le
travail (1), et ils aiment à passer en troupeaux d'un
pays à un autre, à vivre sans toit , à coucher
pêle-mêle hommes et femmes, sous un même
hangar, à porter leurs enfans sur les épaules (2)
et à les élever sans aucun principe ni de religion, ni de morale, plutôt que de se livrer à
une occupation permanente.

─────────────

(1) *Propter frigus piger arare noluit ; mendicabit ergo*
æstate, et non dabitur illi. (Proverb. , cap. xx , 4.)

(2) Ces bandes de vagabonds, qu'on appelle impropre-
ment des *Bohémiens*, qui passent d'une contrée à l'autre,
sont très fréquentes en Italie , et nous avons reconnu
qu'elles sont très pernicieuses à la société. En 1804 , une
bande très forte de ces vagabonds a été arrêtée par la
gendarmerie très active du département du Tanaro : elle
me fut présentée, comme magistrat de sûreté, et nous
avons reconnu avec horreur, parmi ces individus, l'absence de toute religion, la corruption la plus détestable,
et des enfans incestueux.

Les Égyptiens avaient une loi contre les oisifs (1); il leur était ordonné de se présenter tous les ans au magistrat du pays pour s'y consigner, donner leurs noms, et lui prouver de quelle manière et avec quels moyens ils vivaient. Une loi conforme avait été aussi adoptée par les Athéniens, afin d'éloigner de la république les mendians et les vagabonds.

Pourquoi ne suivrions-nous pas l'exemple de nos pères? Pourquoi les dépôts de mendicité sont-ils abandonnés ou vides, tandis que les péristyles des églises, les rues des villes, sont peuplés d'hommes, de femmes et d'enfans mendians, très souvent couverts de monstruosités révoltantes, avec des plaies artificielles, qui, à grands cris, demandent l'aumône (2), tandis que les vrais pauvres périssent dans un galetas à défaut de visiteurs bienfaisans, et que les campagnes

---

(1) L'homme n'est pas aussi méchant qu'on l'imagine : l'oisiveté l'a conduit à plus d'excès que la perversité même. Les occasions de faire le mal se multiplient chez un homme qui ne fait rien, et si on reproche aux femmes d'être parleuses ou médisantes, c'est que, pour l'ordinaire, elles ne sont pas occupées. (*Voyez* Ganganelli, *Tableau de l'Homme,* lettre 137 ; Degerando, *le Visiteur des Pauvres,* 1826, Paris.) Dans les maisons de détention, il faut établir le silence et l'occupation continuelle; on obtiendra un grand bien et la correction des mœurs.

(2) *Propter inopiam multi deliquerunt.* (Chap. 27, *Ecclesiasticus.*)

manquent de cultivateurs, dont les privent les aumônes qu'on prodigue dans les villes?

Les véritables pauvres sans moyens de subsistance à cause de leur âge ou de leurs infirmités, doivent être nourris aux frais du gouvernement (1), les propriétaires, les négocians et les artistes doivent en supporter la taxe. Les dépôts de mendicité seront surveillés dans leur administration intérieure, non par des directeurs salariés qui, par leur rapacité, ont souvent ruiné ces établissemens salutaires, mais plutôt par les personnages les plus respectables du pays, lesquels, animés par un véritable esprit de religion et d'honneur, apporteront toute leur attention dans la régie économique et sanitaire de l'établissement.

Une division de ces hospices doit servir pour l'humanité et la vieillesse (2) souffrante, tandis

---

(1) Le Code chinois, section 89, s'occupe des soins à donner aux vieillards et aux infirmes. Il ordonne aux magistrats du lieu de leur naissance de les entretenir toute fois qu'ils n'auront ni parens ni amis qui puissent les assister.

Des établissemens existent à Pékin et dans d'autres villes pour y recevoir les enfans trouvés, et pour donner asile aux vieillards abandonnés.

(2) La ville de Chartres doit au marquis d'Aligre, et la ville de Chambéry doit au général Borgne de Boigne les établissemens récens d'hospices pour la vieillesse, avec des dotations généreuses.

que l'autre partié sera destinée à renfermer les vagabonds, et les mendians capables de travailler et de recevoir une instruction de morale et de civilisation.

Nous croyons ces moyens très aptes à bannir la mendicité, et à éteindre la fainéantise.

Les prisons, telles qu'elles sont maintenant distribuées dans plusieurs États de l'Europe, serviraient plutôt d'école aux vices que de correction, surtout pour les jeunes gens, que malheureusement on est obligé d'y enfermer. Nous avons plus d'une fois déploré la très mauvaise distribution des maisons de dépôt, lesquelles sont en même temps des maisons d'arrêt (1) et de détention; là, nous avons trouvé confondus dans des petites chambres, dans des corridors, au dortoir, les prévenus de délits (2) avec les plus grands criminels assassins et voleurs, de plus encore, avec les condamnés aux travaux forcés.

Cette association pestilentielle a produit dans tous les temps les plus tristes conséquences; des

_____

(1) L'empereur de la Chine, par un édit de l'an 1805, a fait mettre en jugement des magistrats qui avaient établi des prisons non approuvées par le gouvernement.

(2) Nous avons souvent invité le concierge de la prison d'Asti, département du Tanaro, à séparer les prévenus ou condamnés à des peines correctionnelles, des grands criminels; il nous observait que par les premiers il était souvent averti des complots d'évasion, et que sa responsabilité, par ce mélange de détenus, était plus assurée.

garçons détenus correctionnellement sont malheureusement sortis de la prison avec les théories
et la tactique des voleurs de grand chemin, avec
l'immoralité des plus cruels assassins, et ils en
ont donné des preuves frappantes.

Le premier soin d'un sage législateur doit
donc être, comme nous l'avons déjà dit, d'établir
sur différens points des maisons de détention
pour les condamnés, totalement séparées, des
maisons d'arrêt. Qu'il soit défendu de retenir
plus de vingt-quatre heures tout individu arrêté
et gardé dans les prisons municipales, sans être
traduit dans la prison du chef-lieu, et présenté
au ministère public, chargé de lancer le mandat
de dépôt (1). Qu'un magistrat soit désigné comme
responsable de toute arrestation, de la surveillance, et de l'inspection une fois par semaine des
détenus, pour s'assurer de l'exécution des réglemens et de la séparation des criminels, dans des
chambres convenables, non confondus avec les
prévenus de délits ou de contraventions, et on
obtiendra le but désiré.

Parmi les moyens qui conduisent aux crimes les
plus atroces, aux infanticides, aux empoisonne-
mens, à la fausse monnaie, aux vols, il faut compter

(1) L'art. 93 du Code d'Instruction a sagement ordonné
que, dans le cas de mandat de comparution, le juge inter-
rogera de suite le prévenu, et dans le cas de mandat
d'amener, dans les vingt-quatre heures au plus tard.

3

la facilité avec laquelle les méchans parviennent à
se procurer des médicamens, des drogues, et des
outils pour commettre leurs crimes prémédités.

Pourquoi le Code pénal français, à l'article 317,
et l'article 75 de la loi du 28 avril 1832, n'ont-
ils pas obligé les pharmaciens à tenir un registre
indicatif des personnes auxquelles sont fournis
des poisons, des breuvages violens, propres à
produire une mort subite, à procurer des avortemens ou d'autres malheurs, et à en donner copie
à la police (1) chaque mois?

Pourquoi n'obligerait-on pas les vendeurs de
creusets, de poinçons, de matières d'or et d'argent, d'enregistrer les noms des acheteurs?

Pourquoi ne pas défendre aux serruriers la
vente des crochets, des rossignols, ou de faire des
clés imitées, sans en connaître le commettant,
avec l'obligation d'en tenir note, et d'envoyer
le double de cette note à la police, dans les
vingt-quatre heures, à peine de complicité en
cas de délits commis?

Ces moyens, et tant d'autres (2), qu'il serait

---

(1) Le Code grégorien pénal, article 188, oblige les
médecins et chirurgiens à dénoncer les blessures, la mort
violente soupçonnée d'empoisonnement; il oblige aussi les
pharmaciens, à l'article 241, à la dénonciation en cas de
vente de matières vénéneuses.

(2) Des doctrinaires en politique débitent des théories
nouvelles et romantiques; ils prétendent que dans un

trop minutieux d'indiquer ici, étant pratiqués,
empêcheront l'action de plusieurs crimes, et la
police vigilante, sans crainte d'exercer une justice
préventive, obtiendra les traces pour découvrir
bientôt les coupables, pour faire tomber sur eux
le glaive de la justice, et pour ôter au criminel
l'espoir de l'impunité dans l'obscurité et le secret.

Il n'est pas rare d'entendre élever des plaintes
contre l'institution très sage du jury, qu'on accuse
d'être le protecteur des criminels, et le violateur
de la loi pénale, par ses déclarations de non-
culpabilité trop souvent émises. Notre intention
n'est pas de faire la polémique de cette institution
qui sert à garantir la conscience des juges, et à
donner une satisfaction au public, comme nous
avons eu la fermeté de répondre à l'empereur
Napoléon, en l'audience du 23 mars 1813 (1):
nous dirons seulement que si la sévérité de la
loi rend très souvent les jurés indulgens dans
leurs déclarations, pour adoucir ainsi sa rigueur,

gouvernement parfait, on doit éliminer toute mesure de
justice préventive ; ils ignorent que le premier devoir d'un
sage législateur est d'empêcher le mal en diminuant les
moyens, comme nous l'avons déjà démontré.

(1). Napoléon était contre les jurys; il ne voulait pas les
établir dans les départemens au-delà des Alpes, où cinq
conseillers suffisaient pour décider de la vie d'un homme,
tandis que sept juges composaient les chambres civiles et
correctionnelles : distribution absurde des chambres dans
les cours royales d'après les lois et les réglemens.

cet inconvénient peut être mitigé, 1°. en défen-
dant au ministère public de citer dans son acte
d'accusation l'article de la peine à laquelle le
prévenu doit être condamné; 2°. en prescrivant
au président des assises (1) de poser les questions
de fait dans des termes précis et simples, de
manière à ce que la déclaration du jury n'ait pas à
s'étendre sur les théories et sur l'esprit de la loi,
mais se borner aux seules circonstances de fait et
de culpabilité.

Passons maintenant à l'examen des moyens
propres à éloigner les hommes des crimes, des
délits, et des contraventions, car le célèbre Con-
dorcet nous apprend que le premier devoir du
législateur est de chercher la manière de rendre
les citoyens *bons*, *vertueux*, et par conséquent
heureux.

Tel est l'objet que doit se proposer le chef d'un
gouvernement, dans ses institutions politiques.

---

(1) Nous n'approuvons pas le zèle de quelques présidens,
qui, en résumant les faits et l'analyse des débats, présentent
le prévenu sous l'aspect d'un coupable, sans lui tenir
compte des preuves à décharge, manifestant ainsi leur opinion, laquelle peut influencer des jurés inexperts. Nous
voudrions aussi que les questions à juger fussent délibérées en chambre du conseil par la cour, après les débats,
avant d'être présentées au jury. Nous désirerions dans le ministère public plus de dignité et de froideur dans l'acte
d'accusation, et dans le défenseur officieux plus de bonne
foi et moins d'éloquence captieuse.

§. II.

Des moyens propres à éloigner les hommes des Crimes, des Délits, des Contraventions, et de les porter à bien agir.

Ars humanæ vitæ emendatrix. (1)
(Epictetus.)

Le premier moyen pour éloigner les hommes des crimes, et pour les porter à bien agir, est de leur faire connaître, par un code pénal *clair* et *précis,* quelles sont les actions que la loi condamne et celles qu'elle défend. *Leges sanctissimæ quæ constringunt hominum vitas intelligi ab omnibus debent.* Leg. 9, *Cod. de legibus.*

---

(1) Le roi philosophe Louis XVIII, pénétré de la nécessité de changer les habitudes vicieuses des condamnés, et de les porter par le travail, l'ordre et l'instruction, à devenir des citoyens paisibles et utiles, par ordonnance du 9 septembre 1814, conformément à l'art. 66 du Code pénal, a établi une *prison d'essai.* Nous désirons que ce moyen soit préventif, qu'il soit efficace; cependant les statistiques publiées jusqu'ici par le ministère de la justice ne sont pas trop favorables. Nous croyons que le meilleur moyen est de diriger les hommes à bien agir avant que le mal soit commis; nous espérons une loi qui détruira les mauvaises habitudes, qui supprime les institutions corruptrices de la morale, et qui puisse éloigner les hommes des actions criminelles, sans qu'il soit nécessaire de donner aux condamnés l'espoir de diminuer la peine sur l'apparence d'une conduite souvent hypocrite.

Il serait utile qu'un aperçu des lois pénales fût imprimé et distribué *gratis* (1), par les curés, au catéchisme, qu'il fût expliqué comme on fait des préceptes du Décalogue ; car, en définitive, le Code pénal est puisé dans l'Écriture-Sainte et dans les lois que le Prophète libérateur a données au peuple dans le désert.

Ce code ne contribuerait pas au bonheur de la société, si les lois et les articles en étaient entassés sans ordre et sans utilité directe ; s'ils ne conservaient pas une juste proportion entre le crime et la peine. Nous observerons, avec Blackstone, que malheureusement plusieurs législateurs se sont éloignés de ce principe, en imprimant aux lois par eux données les mouvemens de l'ambition, de la vengeance, de la crainte (2), et de l'intérêt personnel, et en choisissant des moyens absurdes et disproportionnés

---

(1) Loin de nous l'opinion de ces politiques qui veulent laisser ignorer au peuple la loi pénale, sous le prétexte que l'homme méchant peut ainsi plus facilement calculer la proportion de la peine à l'action malfaisante.

(2) Napoléon, toujours alarmé des conspirations, a voulu établir la peine de la confiscation pour les crimes d'État. Il est affligeant de lire dans les délibérations du Conseil d'État, que les enfans doivent supporter les fautes de leurs parens : la France doit à la sagesse de Louis XVIII l'article de la Charte constitutionnelle qui abolit la confiscation. Le Code romain, articles 83, 84 et 85, vient de là rétablir avec modération.

pour empêcher ou réprimer certains crimes (1);
dont il s'ensuit que le Code pénal est reconnu
en plusieurs royaumes moins parfait que le Code
civil.

Cependant nous trouvons qu'il existe une très

---

(1) En Angleterre, on punit de mort le crime d'astrologie, le duel, l'ouverture d'un étang; mais la peine est
toujours éludée, comme nous l'avons déjà dit, dans la
crainte d'affaiblir l'effet de l'exemple par la multiplicité des
supplices. De cette maxime adoptée par les juges anglais,
et du défaut de ministère public accusateur, il dérive que
dans les procès criminels il y a souvent transaction entre les
parties comme au civil, et que les juges anglais détournent
leurs regards pour ne pas apercevoir la vérité. Il est absurde qu'il soit au pouvoir du plaignant ou de son avocat,
de connivence avec le coupable, de supprimer un procès
et d'éluder la vindicte publique, car le schérif n'est que
l'exécuteur de la loi; il est le premier officier de la pro-
vince qui nomme le grand jury d'accusation et le petit
jury de jugement. Il est vrai que, d'après le Code pénal
autrichien, il n'intervient au procès ni défenseurs, ni accusateur public, ministère qui, en France, provoque souvent vengeance ou mort au lieu de justice et impartialité,
mais il est constant que les juges autrichiens ne peuvent
juger les accusés que sur leurs réponses, de manière que
la condamnation à la peine capitale est très rare. A la
Chine, dans ce vaste empire, qui contient plus de population que l'Europe tout entière, le Code pénal ordonne des
enquêtes rigoureuses en cas de crimes non dénoncés, et
on punit les parens qui négligent la plainte. Comment
donc, en Angleterre, peut-on permettre des transactions
sur crimes entre les parties?

grande différence d'utilité publique entre la loi civile et la loi pénale; car le code civil ne regarde en général que l'intérêt des particuliers; il peut subir des réformes, des modifications, sans que l'ordre public en soit troublé; mais la chose est bien différente lorsqu'il s'agit du code criminel et des lois pénales. Alors on ne peut pas changer la forme de procédure, la juridiction, les degrés de la preuve : on ne peut pas affaiblir ou augmenter les peines, sans porter des atteintes très préjudiciables à la sûreté individuelle et à l'ordre social. De plus encore, la violation d'une loi civile peut causer un préjudice, un dommage limité à un ordre de personnes; mais l'infraction d'une loi pénale, par l'acquittement d'un criminel, par la condamnation d'un innocent, causera le désordre ou l'indignation dans la société. Le vrai titre de gloire et d'immortalité qu'un monarque puisse mériter, dépend donc plus des bonnes lois données à son peuple, que des batailles gagnées et de ses conquêtes.

L'empereur Justinien n'aurait compté que dans la simple chronologie, s'il n'eût pas ordonné à Trebonien de compiler la collection du droit romain (1). Louis IX a illustré son règne, plus

---

(1) *Corpus juris civilis compages est præceptorum, auctoritate et auspiciis imp. Justiniani per Trebonianum ejusque collegas primitus composita.*

par ses ordonnances célèbres que par les victoires de Taillebourg et de Damiète.

Le Code pénal, ainsi promulgué, et rendu à la connaissance publique, le premier moyen d'éloigner les citoyens de toute transgression sera la ferme poursuite et la punition des petits délits et des contraventions. Il faut se persuader que l'homme devient rarement grand criminel de première impulsion, il passe à la vertu comme au vice, par des degrés ; et souvent une amende légère, une correction douce, promptement infligée, empêchera de grands crimes. L'inflexibilité des juges et les bonnes lois aideront à contenir le peuple dans la voie du devoir et de l'ordre, et nous devons des éloges à la sagesse du code autrichien dans la partie des transgressions politiques, laquelle renferme des punitions très propres à prévenir les crimes.

Il faut se persuader encore que la loi pénale manque son but et neutralise son propre effet, lorsque, par une douceur mal entendue, elle accorde au coupable, dans la prison, un bien-être plus grand ou égal à celui dont il jouissait en liberté.

Si la peine du talion, souvent désignée par la loi de Moïse (1) et par le code de Charles V, si

---

(1) Voyez *Deutéronome*, chap. XIX, v. 16 et 21, où les calomniateurs et les libellistes sont punis par la loi du talion. Le Code pénal grégorien, article 153, a rétabli la peine du talion sans distinction.

cette peine n'est plus applicable dans la rigueur
du terme, aux mœurs, aux habitudes de la civilisation actuelle; si la peine de mort ne doit pas
être prodiguée (1) pour qu'elle fasse impression ;
il faut cependant proportionner et déterminer
chaque peine à la nature et au caractère du crime.
Pourquoi donc le coupable de fausse monnaie ne
serait-il pas destiné aux travaux forcés des mi-
nières, ou des forges dans les hôtels de monnaies?
Pourquoi l'usurier qui a péché par avidité de gagner de l'argent, ne serait-il pas condamné à des
amendes proportionnées aux bénéfices obtenus?
Pourquoi enfin le provocateur au duel (2), qui,
au mépris des lois, veut venger son honneur, ne
serait-il pas condamné à la dégradation civique?
Le second moyen propre est l'éloignement des

(1) Les anciens Romains, la veille de l'exécution d'un
criminel, lui donnaient à la porte de la prison un repas public appelé *le repas libre*, où ils lui prodiguaient toutes les
délicatesses d'un festin somptueux. Cet usage barbare a été
conservé dans plusieurs pays, et sous le manteau de la religion même, on permet une nourriture recherchée à l'homme
expirant. Nous avons entendu un criminel consoler son ca-
marade condamné à mort, en lui conseillant de demander
des mets délicats, ce qui ôta toute impression de la peine.

(2) En Autriche, les militaires qui se battent, contre la
défense de la loi, sont tous les deux dégradés ; et le duel
est très rare, tandis qu'en France la peine de mort établie
par Henri IV a toujours été éludée. (*Voyez* les ordonnances
de 1602, et 1679 de Louis XIV.)

causes qui favorisent l'impulsion au crime, en y joignant une surveillance très active de la police.

La première cause d'impulsion aux crimes attentatoires à la sûreté d'un État, nous la reconnaissons particulièrement dans l'asile qui, par un droit public mal entendu, est accordé aux rebelles sur le territoire voisin.

Si, par des conventions de réciprocité, on permet l'extradition d'un parricide, d'un assassin, d'un incendiaire, d'un empoisonneur, même d'un déserteur militaire, pourquoi le droit des gens protégera-t-il le conspirateur qui, par ambition, par vengeance, ou par un mauvais génie, cherche à subvertir la constitution de l'État (1), l'ordre public et à exciter la guerre civile?

Après cet éloignement obtenu de l'impulsion aux crimes d'État, nous reconnaissons un puissant préservatif à ce fléau public, dans l'éducation morale et civile de la jeunesse, dont on parlera au paragraphe suivant; dans la surveillance active sur toutes les assemblées et associations, sur les pièces de théâtre, les pamphlets,

---

(1) En suivant l'hypothèse d'un pacte social, si le chef du gouvernement observe les lois du pays, pourquoi sera-t-il permis à quelques individus d'attenter au subversement, à la violation de ce même pacte social? Vatel, tom. I, §. 233, dit qu'un gouvernement peut refuser l'asile à un banni dans le cas de danger pour sa tranquillité intérieure.

les lithographies piquantes ; et sur les journaux
et livres empoisonnés. Le roi se tiendra à la
maxime de Platon, qui dit : *Tum felices fore
civitates, cum philosophi regnant aut reges phi-
losophantur* ; ce que nous entendons de la vraie
philosophie, reine des sciences et de la justice.

Il est utile d'établir des lois fondamentales
d'état, des codes adaptés aux lumières du temps,
et aux mœurs des nations ; de confier l'administration du royaume à des ministres remplis de
probité, de capacité et environnés de la considération universelle ; de n'accorder les charges
administratives et judiciaires qu'au mérite bien
prouvé (1). Que tout employé ne se présente nu

---

(1) Tous les hommes sans distinction sont à la Chine
admis aux examens annuels dans leur pays, et après avoir
obtenu le premier grade de *littérateurs*, sont reçus dans les
villes principales aux grades supérieurs conférés par des
officiers dignitaires, avec la plus grande impartialité ; ensuite, pour être admis au grade de docteur de la grande
académie, à Pékin, il faut subir un examen public pendant
quinze jours, et répondre à toutes les demandes sur la
science en général, comme nous l'avons dit.

La littérature et l'idonéité sont les seuls moyens de parvenir, les seuls titres aux emplois, et les docteurs de la
grande académie sont de droit candidats aux premières
charges de l'État. (*Voyez* Remusat, *Roman des deux Cou-
sines.*) Si un officier du gouvernement est déclaré incapable
par défaut de moyens, il est renvoyé ; et il ne peut être
rétabli qu'après avoir obtenu un certificat de capacité.
(*Voyez* section 53 du Code chinois.)

public que dans son costume, et que les juges évitent les lieux et les spectacles brillans, en mettant parmi les premiers de leurs désirs, celui de rendre la justice avec impartialité et avec dignité.

La monarchie ainsi régie et administrée, n'aura point à craindre les révolutions; les citoyens, au contraire, craindront plutôt la perte d'un tel roi qui établit la félicité de son peuple.

Une autre cause d'excitation aux crimes, nous l'avons depuis long-temps trouvée dans la loterie (1) et dans les jeux de hasard tolérés ou permis. La loterie est le puits où les ignorans, les superstitieux, domestiques, artisans, ou laboureurs jettent le produit de leurs travaux ou salaires; le jeu de hasard est l'écueil contre lequel se brisent les plus grandes fortunes : c'est à l'école du jeu que se forment les projets des plus grands crimes; c'est là que le désespoir porte au suicide. La veille d'un tirage de la loterie nous avons constamment reconnu se multiplier les prêts sur gage, se commettre les vols domestiques et d'autres crimes. L'établissement de caisses d'épargne, de sociétés d'assurances pour le cas de maladies parmi les artisans (2),

---

(1) On a augmenté en France la mise à la loterie, et de suite des associations se sont formées pour satisfaire à cette déplorable passion.

(2) Le baron Charles Dupin, de l'Institut, dans une

sont des moyens propres à rendre le peuple plus
circonspect, plus économe, et à l'éloigner de
l'espoir de se faire une ressource par les jeux de
hasard.

Les cabarets, les cafés, qui se sont prodigieusement multipliés, entretiennent l'oisiveté, et
poussent à la débauche et à l'ivrognerie. Tout
l'argent gagné pendant la semaine par les garçons artisans et même par les agriculteurs dans
les campagnes, est consommé le dimanche et le
lundi dans des gourmandises et des plaisirs qui
engendrent des vices, des délits, ou bien la misère dans les familles.

Il nous paraît qu'il serait utile d'augmenter
les droits d'exercice de ces professions, surtout

---

statistique économico-politique, démontra que les assurances mutuelles s'étant multipliées à Paris, les artisans
sont aujourd'hui plus à leur aise.

Nous lisons avec plaisir que le roi de Naples a approuvé,
le 12 février 1827, un établissement de caisse d'épargne
sur le plan de celle de Paris, mais nous y trouvons un
grand inconvénient, en ce que l'intérêt de l'argent placé
n'est fixé qu'à trois et demi pour cent par an, tandis que
le gouvernement même donne cinq pour cent. Un autre inconvénient résulte de ce qu'on admet tout propriétaire au
placement, tandis que la caisse d'épargne n'est créée que
pour les artisans et les domestiques sans fortune. Il faut
que ces administrations soient régies par des employés
sous la surveillance du gouvernement, et non confiées à
des spéculateurs qui souvent font fortune aux dépens des
misérables.

des cabaretiers, débitans, comme nous avons dit, dans les villages, pour éloigner ainsi les agriculteurs du danger et du vice.

Les spectacles, dans les théâtres bien dirigés, servent à donner un esprit et une éducation nationale; et si la surveillance en est négligée, alors le libertinage (1), l'immoralité y sont provoqués, et la société civile souffre beaucoup de la représentation de pièces où l'assassinat, la trahison, et les mauvaises actions triomphent. Car *homo naturali propensione difficulter ab iis dismoveri potest, quibus ab ineunte ætate enutritus est.* (Vide Schonbokner, *de Politica.*)

Les infanticides, les avortemens, et les expositions d'enfans, crimes si fréquens de nos jours, peuvent être éloignés ou diminués non seulement par une surveillance active des officiers de la police judiciaire sur la conduite des parens, dont le mauvais exemple détermine la débauche des enfans, mais encore par l'obligation imposée aux officiers de santé de donner la note des filles enceintes desquelles la loi peut exiger la caution de représenter l'enfant (2); par

---

(1) *Stat adhuc stabitque meritissimum illud in scænicos ludos anathema, quoniam stat adhuc stabitque nusquam alibi vel infestis adeo fluctibus morum innocentiam jactari, vel acros adeo ignes concupiscentiæ ignibus adjici.* (Vid. Dettori, *Inst. Theologiæ moralis,* tom. ii. Taurini, 1825.)

(2) Nous ne demanderons pas de renouveler la loi sé-

l'établissement dans les grandes villes, 1°. d'hôpitaux, où les malheureuses victimes soient reçues et soignées sans fiscalité ni vexation, mais avec une charité chrétienne; 2°. de petits hospices, dans les campagnes, pour recevoir les enfans trouvés sans aucune recherche de la paternité. Nous croyons qu'en multipliant les pratiques d'une douce prévoyance, on diminuera les infanticides occasionnés souvent par la honte et par le défaut de moyens de se débarrasser promptement d'un fruit illégitime.

L'incontinence des filles est dans plusieurs pays protégée par la loi, *vir stupratam ducere vel dotare tenetur.* Cette loi, tirée des livres de Moïse (1), n'est pas utile à la société, dans l'état

vère de Henri IV, laquelle obligeait la fille de dénoncer sa grossesse sous peine de mort, en cas de perte de l'enfant. Nous désirons que les officiers de police exercent leur surveillance avec toute la prudence et la charité, car entre deux inconvéniens il faut choisir le plus modéré. La misère et le célibat portent à l'incontinence; or, détruire les maisons publiques, comme l'empereur Théodose prétendit le faire, cela ne servirait qu'à porter la corruption dans les familles privées. Il est donc nécessaire d'exercer une police, d'empêcher les infanticides, en facilitant aux victimes de la corruption les moyens de sauver le fruit de leur honte dans des hospices.

(1) *Le séducteur d'une vierge doit la doter ou l'épouser* (Exod. chap. xxii). Cette maxime a été suivie aujourd'hui par le législateur Grégoire XVI, à l'art. 168 de son Code pénal du 26 septembre 1832.

actuel, car elle condamne l'homme coupable, tandis que la femme séductrice reçoit une récompense. Nous parlons ici de la prostitution volontaire d'une fille de l'âge de quatorze ans accomplis, et nous estimons, avec le célèbre Barbaçovi, que cette loi est préjudiciable aux mœurs publiques, car elle invite à la débauche. *Nam fiducia legis, licentius peccant pauperculæ, quæ ultro procaces, locupletium adolescentium connubiis insidiari solent.* Il faudrait, dans plusieurs états, l'abolition de cette loi, pour rendre les inconvéniens plus rares et les filles plus prudentes et moins licencieuses.

L'œil de la police doit non seulement prévenir, mais il doit empêcher les crimes et les délits ; c'est pourquoi dans le projet du Code de la Louisiane, il est ordonné aux magistrats de police de se transporter là où il y a des rassemblemens séditieux de plus de vingt personnes, de proclamer leur caractère officiel et d'ordonner à cette assemblée de se dissoudre ; et afin que leur ministère ne puisse pas être méconnu, de déployer un drapeau blanc, le tout avant de commander des mesures répressives.

La police doit prévenir les crimes 1°. en surveillant la fabrication des balanciers et autres instrumens et outils propres à frapper de la fausse monnaie ; 2°. en vérifiant la construction des poids et mesures ; 3°. en empêchant l'altération des boissons, des drogues, du sel marin et

4

d'autres marchandises. Nous avons souvent reconnu que non seulement la crainte des poursuites de la part du sévère magistrat, mais la
simple action de la vigilance des commissaires
de police étaient un grand préservatif du mal.
Loin de nous le système de ces codes pénaux où
à chaque pas on accorde l'impunité ou bien des
récompenses aux dénonciateurs des crimes. L'impunité est une transaction que le chef suprême
du gouvernement souscrit avec le coupable,
et cet acte fait sentir sa faiblesse et son impuis-
sance à découvrir les crimes; la récompense
d'espionnage rend les hommes vils et méchans,
jette la défiance parmi les citoyens, et sert souvent de prétexte à la vengeance et à la calomnie.

Un gouvernement doit sentir sa force, et char-
ger les officiers subalternes de la plus active
poursuite sans compromettre la paix des familles
ou d'un village par le moyen des dénonciations.

Persuadé de ces principes, le sage législateur du
grand-duché de Toscane, en 1807, ordonna par
l'article 116 que tous les officiers de justice exer-
ceraient une surveillance très sévère sur les petits
délits et sur les vices populaires; car ce sont
eux qui disposent les hommes aux crimes les
plus atroces, et il faut les arrêter dès les premiers pas. Plusieurs législateurs ont trouvé un
moyen de prévenir les crimes par les cautions,
lorsqu'un homme, par sa conduite déréglée
ou immorale, par ses menaces, est justement

soupçonné d'être capable de l'attentat d'un crime ou d'un délit : sous l'empire des lois saxonnes cette caution *ut tradat fidejussores de pace et legalitate tuenda* était en usage, et nous ne trouvons pas d'inconvéniens pour qu'elle soit rétablie à l'égard des personnes d'une conduite équivoque ou menaçante.

Un dernier moyen d'encourager les hommes aux bonnes actions, et que nous considérons comme très puissant, se trouve dans les décorations, dans les distinctions d'honneur données avec justice et non prodiguées.

Législateurs, vous animerez la jeunesse à bien agir par des prix, des distinctions, des éloges; vous encouragerez de même les militaires aux actions les plus héroïques avec une décoration, un galon, un sabre d'honneur, et les magistrats eux-mêmes ne refuseront pas (1) des récompenses honorables. Le grand roi Charles Emmanuel de Savoie, mort en 1773, répétait souvent qu'il avait, dans les titres et les décorations sagement dispensés, des moyens bien plus sûrs d'exciter les hommes à leur devoir, que dans l'or

---

(1) Nous lisons avec plaisir, sous la date du 10 février 1827, que la Russie, dont les progrès en civilisation sont prodigieux, se propose d'établir des médailles honorifiques pour décorer les fonctionnaires publics, les militaires et les citoyens qui ont fait des actions d'éclat, ou qui les devront à leur ancienneté de service.

de sa trésorerie. Il faut donc que tout individu, avant de recevoir un titre ou un ordre de chevalerie, soit assujetti à un examen sur sa conduite morale précédente ; que la moindre tache soit préjudiciable au candidat, et l'on obtiendra par ce moyen cette moralité solide qui est utile au gouvernement. Il faut que tout individu aspirant à une charge, à une place civile ou judiciaire, ait d'avance par ses études, par une espèce de stage, fourni des preuves de sa capacité ; car on ne doit pas considérer les emplois importans comme des habits d'occasion qu'on place sur les épaules du premier venu. Une injustice dans des promotions aux charges fait souvent plus de mal, et est souvent plus préjudiciable qu'une bataille perdue. Il sera facile de prévenir le mal, toutes les fois que le chef du gouvernement voudra connaître par lui-même les qualités des demandeurs et la moralité des employés supérieurs, auxquels son pouvoir est confié.

Il faut enfin que les honneurs d'une médaille (1), d'un mausolée ou d'éloges funèbres, ne soient

---

(1) Le Code pénal de la Chine de 1725 accorde des priviléges pour les longs services, pour les grandes actions, pour la sagesse non commune développée dans l'exercice des fonctions. Les procès contre les privilégiés ne peuvent être jugés sans le consentement de l'empereur. (*Voyez* section 3.) Il est établi encore que les honneurs de saint et les cérémonies religieuses ne seront accordés qu'aux hommes

accordés qu'aux personnages qui, d'après la décision d'un magistrat, seront reconnus les avoir mérités. Alors les flatteries des inscriptions disparaîtront, et l'homme qui aura bien mérité de sa patrie ne sera plus confondu avec l'oppresseur de l'orphelin et de la veuve qui aura laissé, par des moyens illicites, des trésors à ses neveux, ou qui, par des institutions pompeuses, aura voulu rédimer sa conduite antisociale.

§. III.

De l'utilité de l'instruction populaire pour les progrès des mœurs.

Viros bonos non divitiæ sed eruditio facit.
(Epictetus, in Tab. Cebetis.)

Misérable condition humaine ! Tandis que dans le dix - huitième siècle on ne songeait qu'à créer des académies, des universités, et qu'on protégeait avec magnificence l'avancement des sciences exactes et naturelles, l'approfondissement de la philosophie, et les recherches d'économie politique, dans notre dix-neuvième siècle,

---

qui ont bien mérité de la patrie, et qui ont été inscrits dans le Code rituel. (Section 157.)

L'ordonnance de Louis XVIII du 22 juillet 1816 n'a pas fixé un réglement sur l'honneur de la médaille, en établissant qu'elles seront frappées à l'hôtel de la monnaie; ainsi ce moyen d'exciter les hommes à la gloire est perdu.

il semble qu'on ne pense plus qu'à éloigner
les hommes des sciences et de la littérature, en
les désignant comme corruptrices des mœurs, du
cœur et de la religion de nos pères ; en méprisant
ce qui est dit au chapitre de l'Ecclésiaste : *Vidi
quod tantum præcederet sapientia stultitiam ,
quantum differt lux a tenebris.* (Cap. ii , 13.)

Ils se trompent très fort à notre avis , ceux
qui croient que ce sont les sciences qui ont cor-
rompu les mœurs, qui ont produit l'indifférence
de religion et l'impiété ; il serait affligeant d'en
indiquer la source, car il faudrait personnifier
et désigner des classes de personnes , qui, au
lieu de donner de bons exemples, propagent
l'immoralité; il faudrait révéler des vices d'administration, qui excitent à la corruption.

Mais, en supposant même que les hommes aient
abusé des sciences, comme ils abusent des alimens, faut-il pour cela leur en interdire l'usage ?

Si nous considérons sans prévention le bien
et le mal qui dériveront de la culture des sciences
et des lettres, nous trouverons que les attaques
modernes des beaux esprits, dirigées contre la
religion, contre la politique du gouvernement,
pourront facilement être repoussées, même dans
les royaumes où la liberté de la presse (1) est

(1) Le gouvernement chinois cherche à détourner la
multitude des questions politiques ; du reste, tout autre
ouvrage peut y être publié sans censure. (*Voyez* la préface
au *Code de Staunton.*)

adoptée, lorsque par des moyens indirects, que le chef du gouvernement a toujours à sa disposition, on dirigera l'opinion publique. Si au contraire, par des digues fortes, nous cherchons à faire rétrograder l'intelligence humaine, si nous plongeons la génération naissante dans l'ignorance, dans la détestable superstition, si nous méprisons la philosophie, clef des sciences; alors le mal sera bien pire, car Cicéron nous apprend : *Philosophia, omnium mater artium, quid est aliud nisi, ut Plato ait, donum ut ego inventum Deo ? Hæc nos primum ad illorum cultum, dein ad jus hominum, quod situm est in generis humani societate, tum ad modestiam magnitudinemque animi erudivit, eademque ab animo tanquam ab oculis caliginem dispulit.* (Tusculan. Lib. I.)

Prenons, à ce propos, l'histoire à la main, ce précieux livre (1) qui devrait être toujours ouvert sur la table des chefs d'un gouvernement, et nous y lirons que les mœurs des hommes furent bien pires, que les crimes atroces, les vengeances de famille, se multiplièrent plus, dans les siècles d'ignorance et de barbarie, que dans

------

(1) « L'histoire est la seule bonne amie des rois, quand « ils veulent l'écouter; mais ils prennent souvent le change « sur son compte, ne la regardant que comme un moniteur « importun, qu'il faut écarter ou punir. » (*Voyez* Clément XIV, lettre LVIII.)

les siècles de civilisation et d'instruction, où la
classe des hommes lettrés dominait, et maîtrisait
le peuple.

Un grand auteur nous apprend que le peuple
s'éclaire quand on le veut; qu'ainsi les peuples
les plus ignorans sont les plus méchans, les plus
sauvages; pourquoi apprend-on à la jeunesse la
grammaire, le catéchisme, et oublie-t-on de lui
donner une idée de la législation du pays?

Soyez persuadé que les peuples qui n'ont
qu'une éducation mal dirigée et faible, sont
fourbes et cruels; ils n'ont pas la moindre idée
de la réciprocité des bienfaits. (1)

---

(1) Notre opinion est confirmée par le décret suivant de
Marie-Christine, reine nommée régente par Ferdinand VII
pendant sa pénible maladie.

Décret royal donné à Saint-Ildefonse, le 7 octobre 1832.

« A don Joseph de Cassagna, ministre de grâce et jus-
« tice, à Madrid.

« Une nation grande et généreuse, telle que celle que la
« divine Providence a confiée aux soins paternels du roi,
« mon très cher et bien aimé époux, est digne d'inspirer le
« désir le plus vif de contribuer à sa gloire et à sa splen-
« deur. Cette idée, qui a toujours occupé son cœur dès le
« moment où il s'est assis sur le trône, a trouvé des ob-
« stacles d'une telle nature, qu'il ne serait pas possible de
« les exprimer sans rappeler des souvenirs douloureux.
« Parmi ces obstacles, l'un des plus grands est celui de
« l'ignorance, qui, comme une plaie, s'est répandue d'une
« manière si prodigieuse, qu'à peine y en a-t-il quelqu'un

Le peuple le plus heureux sera donc celui qui comptera un plus grand nombre d'hommes instruits, lesquels propagent les lumières et la civilisation.

« qui ait échappé à la contagion. En effet, c'est d'un si dé-
« plorable principe qu'ont pris naissance les grands vices
« qui détruisent les empires et anéantissent les institutions
« les plus justes, les plus prudentes, les plus saines, les
« plus sages et les plus bienfaisantes. C'est aussi dans ce
« principe que prennent leur source les divisions, les
« partis, les dénominations méprisantes, l'hypocrisie, qui
« couvre du masque de la vertu les vices les plus abomi-
« nables, et qui donne le nom de bien public aux passions
« qui lui nuisent le plus.
« Désirant donc élever une barrière impénétrable contre
« ces maux, et répondre à l'amour que les peuples de cette
« nation magnanime ont toujours témoigné à leur souve-
« rain, surtout dans ces derniers jours, j'ai adopté entre
« autres mesures d'utilité générale, et en vertu des pou-
« voirs que le Roi m'a conférés, par un décret daté d'hier,
« de rétablir les universités à ce degré de splendeur qui a
« tant ennobli l'Espagne dans les siècles précédens; et j'or-
« donne qu'en faisant cesser les études particulières, qui,
« attendu les circonstances impérieuses, ont été permises
« ou tolérées jusqu'à présent, on ouvre les universités le
« 18 du mois courant, et que les registres matricules soient
« fermés le 25 novembre prochain, ainsi que cela se prati-
« quait autrefois. Le terme fixe ne pourra être prorogé,
« quelle que soit la cause qu'on exposera pour le faire.
« Vous l'aurez pour entendu et le ferez exécuter.
« *Avec la signature de la Reine.* »
Voyez *la Gazette de France* du 18 octobre.

L'instruction publique, la liberté de la presse, rendent heureuse et tranquille l'Angleterre. La confédération Helvétique doit sa force, sa paix et sa sûreté à des lois sages. Le grand Frédéric a gouverné avec la supériorité de son génie, avec la connaissance des hommes et des choses, avec l'amour pour les arts, auxquels il accorda des priviléges. Si le préjugé et l'habitude sont les vices radicaux d'une nation, Frédéric a su les dissiper. L'Espagne, ce royaume si imposant dans le seizième siècle, a perdu les fruits de ses conquêtes, a abandonné ses manufactures pour avoir cherché une feuille d'or aux Indes. L'empire Ottoman se voit forcé de sortir de son insouciance et d'animer partout les arts et les sciences afin de consolider son gouvernement.

Enfin les succès de la Russie sont dus aux arts et à l'instruction; et par ses moyens de civilisation elle est entrée dans les affaires politiques de l'Europe; elle a pris une prépondérance dans la balance des cabinets.

Il appartient donc au gouvernement de guider sans hésitation les bonnes études, de confier la jeunesse à des directeurs de colléges et à des professeurs d'une probité reconnue, attachés à la patrie par des sentimens nationaux, à des hommes tout-à-fait soumis aux lois du pays et habiles à exercer l'enseignement d'après ses statuts.

Il faut suivre le précepte d'Isocrate *Decere magistratus non tam porticus implere legibus, quam*

*efficere ut cives insitum habeant pietatis et jus-
titiæ studium.* D'après ce précepte si le législateur
désire que les citoyens évitent les mauvaises actions, il doit employer ses soins pour leur faire
donner une juste idée de la divinité, du bien,
du mal, et des lois relatives.

Dans ce but, rien n'est plus utile que l'éducation
publique, laquelle doit être partagée en écoles
primaires dans les campagnes(1) pour l'instruction
des paysans, surtout pendant l'hiver, et en écoles
spéciales dans les villes pour les enfans destinés à
la culture des sciences (2). C'est par ce moyen
que l'Angleterre a acquis la supériorité dans

---

(1) En Amérique, il existe une loi par laquelle, dans les
campagnes et dans les villages composés de cinquante familles, on doit entretenir un précepteur qui apprend aux
enfans la langue du pays, l'arithmétique et les élémens de
la géographie. (*Voyez* le Père Grassi, *Notice sur les États-
Unis.* Turin, 1822.)

(2) Le célèbre baron Cuvier, dans son rapport sur le
progrès des sciences naturelles, dit : « Conduire l'esprit
« humain à sa noble destination, la connaissance de la vé-
« rité, répandre des idées saines jusque dans les classes les
« moins élevées du peuple, soustraire les hommes à l'em-
« pire des préjugés et des passions, faire de la raison l'ar-
« bitre et le guide suprême de l'opinion publique.... voilà
« l'objet essentiel des sciences.... voilà comment elles con-
« courent à avancer la civilisation, et ce qui doit leur mé-
« riter la protection des gouvernemens qui veulent rendre
« leur puissance inébranlable en la fondant sur le bien-être
« commun. »

l'agriculture et dans les arts mécaniques : les chefs de l'état ont reconnu que pour vaincre les préjugés populaires, pour changer les anciennes habitudes agricoles et routinières, il était nécessaire d'instruire la jeunesse, et la réforme s'est de suite opérée avec avantage pour la nation anglaise.

Nous ne partageons point l'avis de ceux qui blâment l'instruction du peuple, et qui ne voudraient pas que le cultivateur et l'artisan apprissent à lire et à écrire : nous répondrons à toutes les raisons qu'ils pourront alléguer, par ce qui se pratique dans toute l'Allemagne, où des écoles sont établies, même dans les petits villages, pour y faire apprendre aux enfans à lire, à écrire, à connaître les règles de l'arithmétique, leur enseigner les devoirs de la religion, de leur état, et de la société; ces écoles sont organisées de même pour les filles; cependant elles n'ont point jusqu'ici apporté le moindre trouble politique; au contraire, cette instruction a détruit plusieurs préjugés du peuple; elle fait régner la bonne morale dans les familles et elle diminue les délits. Nous conclurons, avec le célèbre Schonbornerius. : *Cura puerorum in eo potissimum versatur ut imbuantur bonis artibus, nam quibus exercitiis transacta est pueritia, iisdem, deinde etiam virilis ætas detinetur.* (1)

---

(1) « L'homme est toujours dans l'enfance chez un peu-

Le peuple de Dieu, en effet, n'était pas plongé dans une ignorance complète, car il était du devoir de tout Hébreux, de lire au moins une fois dans sa vie (1) le livre de la loi.

Quelle idée voulons-nous qu'un pauvre paysan ait de la divinité, de ses devoirs religieux et sociaux, s'il est lui-même comme un fantôme, sans instruction et sans connaissances? Que l'éducation soit bien dirigée par des catéchismes sur la morale religieuse (2), sur les lois pénales, sur les principes de l'agriculture et des arts, le tout distribué selon les différentes classes de la société, et nous aurons de bons chrétiens, des sujets obéissans et des citoyens utiles.

N'oublions pas ici que l'éducation des enfans pauvres (3) est placée par le savant Degérando

---

« ple (dit le pape Ganganelli), lorsque personne ne lui « donne de l'accroissement et de la force; chez un autre, « il acquiert une parfaite virilité, parce qu'on l'environne « de tout ce qui peut le vivifier et l'éclairer. »

(1) *Sanxit Moyses ut pueri initia legis discant, quum disciplinam illæ in se optimam contineant.* (Voyez *Deutéron.*, chap. XXXI, v. 11, 12 et 13.)

(2) *Si non in timore Domini tenueris te instanter, cito subvertetur domus tua.* (ECCLESIASTICUS, chap. XXVII.)

(3) La ville de Turin doit au philanthrope abbé Sineo, que la mort vient d'enlever, l'utile établissement *della Mendicità instruita*, que l'auguste roi Charles-Félix a pris sous sa protection.

Dans les jours de fête, le docte théologien faisait aux

parmi les plus grands services qu'on puisse rendre à l'humanité et à la société politique. Les écoles élémentaires contre lesquelles conspirent à la fois et l'ignorance insouciante de la plupart des parens, et l'imprévoyante cupidité de quelques maîtres, et l'égoïsme inconcevable de certains hommes, qui, tout en se disant sages, protestent contre le bienfait de l'éducation populaire ; ces écoles sont d'autant plus nécessaires dans les pays de montagnes, et dans certaines îles, que par une fausse interprétation de la Bible sainte, au verset 19, chap. xxxv, *Numeri*, où il est dit : *Propinquus occisi, homicidam interficiet,* on se livre à des vengeances qui passent de père (1) en fils, jusqu'à ce qu'elles soient accomplies.

Instituteurs des écoles primaires dans les campagnes, ayez soin d'apprendre à vos enfans les principes de la morale religieuse et publique; habituez-les à dire toujours la vérité, et à fuir le mensonge d'après le précepte d'Hérodote, *De moribus Persarum, ibi. Pueri dirigendi sunt a prima statim infantia, ut verum dicant, mendacium fugiant.*

---

pauvres le catéchisme dans le patois piémontais, et en sortant de l'église, un pain d'une livre au poids était distribué aux mendians. Nous espérons que cette utile instruction ne sera pas négligée.

(1) En Corse et en Sardaigne, l'individu qui se propose de venger l'injure faite à son parent, l'homicide de son père, de son frère, se laisse croître la barbe jusqu'à vengeance accomplie.

Législateurs ! assignez des limites à l'éducation du peuple, afin qu'elle ne soit pas confondue avec les études des enfans qui sont destinés aux sciences et aux arts libéraux, et l'on n'aura pas à se plaindre d'excès. Si, parmi la classe pauvre, vous trouvez des génies qui seraient perdus pour l'état, il faut les relever, les adopter comme enfans de la patrie, et, par des examens rigoureux, empêcher une jeunesse audacieuse et intrigante de s'emparer des places et des pouvoirs. Imitez les Chinois, qui n'accordent les emplois de haute administration qu'aux docteurs de la grande académie de Pékin, après un examen de quinze jours, en public, dans une grande salle, où ils doivent répondre sur des questions de législation, d'administration, de statistique, comme nous avons dit. Adaptez les hommes aux places d'après leurs études et leurs mérites reconnus, alors le peuple les respectera et bénira votre choix.

Il faut maintenant parler des institutions propres à provoquer l'émulation et la civilisation chez le peuple, parmi lesquelles nous indiquerons de préférence : 1°. Les fêtes publiques à certaines époques de l'année, dans lesquelles, après l'exposition des produits de l'agriculture et des arts, le gouvernement, sur la décision d'un jury impartial, et composé d'agriculteurs et d'artistes, donnera avec magnificence des prix aux personnes qui les auraient mérités.

Ajoutons à ces fêtes, celles où le garçon le

plus sage, la fille la plus modeste, seront couronnés de roses (1); où les noms des illustres citoyens qui auront mérité de leur patrie (2), et ceux des bienfaiteurs seront proclamés; et nous exciterons par ces moyens l'émulation et l'amour de la gloire.

2°. La musique, cultivée même dans les petits villages, a servi admirablement à adoucir les mœurs des hommes (3). Nous en avons un exemple très récent en Amérique, où des peuples sauvages, par ce moyen, ont reçu leur civilisation (4), comme le missionnaire jésuite Grassi l'atteste dans le livre précité.

---

(1) ....*Non parvas animæ dat gloria vires*
Et fecunda facit pectora laudis amor.

Ovid.

Dans plusieurs villages de la France, la fête de la rosière est pratiquée pour les filles; elle produit des fruits admirables : pourquoi ne serait-elle pas instituée aussi pour le garçon le plus vertueux et respectueux envers ses parens?

(2) *Flevit, Alexandri Cæsar cum vidit honores,*
Concepitque animis æquora, regna, polum :
Inde triumphatum circumtulit arma per orbem;
Tantum ingens virtus, æmula facta, potest.

(3) M. Appert voudrait introduire cette récréation, même dans les galères, pour adoucir le caractère des condamnés. C'est pousser trop loin la philanthropie : c'est un projet romantique.

(4) Suivons les préceptes de bon gouvernement que l'Ecclésiaste, d'après le roi d'Israël à Jérusalem, nous donne, cap. III, 4, ibi : *Tempus flendi et tempus ridendi, tempus plangendi et tempus saltandi*, etc.

3°. La danse est très propre et utile à rapprocher les hommes et à les rendre plus amis, à leur faire oublier des inimitiés et des malheurs. Il existe des intolérans de la danse, mais nous leur observerons avec le célèbre archevêque de Cambrai, le docte Fénelon, que les curés, les ecclésiastiques, nous ajouterons les magistrats du pays, doivent s'en abstenir, et donner en tout bon exemple, car les yeux du peuple sont sur eux; mais qu'ils peuvent aussi tolérer un tel exercice innocent, plus d'une fois utile à la santé, et qui fait au pauvre cultivateur oublier les malheurs et les fatigues de la semaine écoulée.

Nous appelons la danse un exercice innocent, si on considère qu'à présent, même dans les campagnes, elle se borne ordinairement à exécuter des figures, des promenades et des quadrilles, évolutions qui ne donnent aucun attrait à la lasciveté.

Enfin, un moyen utile à l'instruction du peuple, et qui doit le porter à bien agir, c'est de donner à l'exécution des jugemens contre les criminels la plus grande publicité, afin que la présence du condamné puisse frapper l'imagination et servir d'exemple. Si cela n'est pas praticable, on pourra, dans les villages, établir des prières publiques pour les condamnés leurs compatriotes, sur lesquels le glaive (1) de la justice aura tombé dans

_____

(1) Plusieurs écrivains politiques ont élevé la voix contre

5

l'année. Par ce moyen, on excitera l'horreur du crime, et on obtiendra de grands avantages en inspirant la terreur chez la multitude.

C'est pour cela que le législateur de la Toscane a ordonné, en 1807, que des placards contenant les noms de tous les criminels condamnés fussent pendant huit jours publiés dans tous les villages du grand-duché, afin que le peuple fût instruit des peines infligées et qu'il en prît exemple. Le code napolitain, art. 20, ordonne aussi que tous les jugemens criminels soient placardés par extraits, dans le village où le crime aura été commis, dans celui du condamné et du plaignant, et dans le lieu de l'exécution, ce qui cependant est négligé sous prétexte d'économie.

Après avoir développé les moyens de prévenir les crimes et les délits, soit en écartant les causes

---

la peine de mort ; ils allèguent que punir un criminel par la décapitation, c'est commettre un assassinat ; ils invoquent le décret de la Convention nationale, qui renvoya à la paix générale la loi de l'abolition de la peine de mort.

Nous répondons à ces théoriciens sans expérience, que la peine de mort est indispensable pour certains crimes barbares qui attaquent la société ou le droit naturel. Il faut ôter de la communauté de tels individus enragés et incorrigibles, il faut donner un exemple frappant à la multitude.

Le grand-duc de Toscane, dont on invoque les dispositions de l'édit de 1786, abolitif de la peine de mort, fut, en 1790, forcé de rétablir cette peine, qui est très rare, mais reconnue nécessaire, même parmi le peuple le plus doux de l'Italie.

qui servent d'impulsion au vice et d'occasion au crime; après avoir indiqué les moyens propres à éloigner les hommes du crime et les porter à bien agir; après avoir enfin démontré l'utilité de l'instruction populaire, pour aider les progrès des mœurs; nous devons passer à l'objet principal, savoir : 1°. développer la nature de l'action punissable; 2°. assigner la peine proportionnelle à la gravité de tout crime; 3°. déterminer la latitude à accorder aux juges pour son application; toutes qualités qui constituent l'essence d'un bon Code pénal, à la formation duquel tendent nos efforts et nos méditations.

Nous traiterons, dans la première partie, des lois pénales applicables à tout état policé en général, savoir :

1°. Des crimes, des délits, des contraventions, de leur définition et de leur nature;

2°. Des peines, et de leurs classifications criminelles, correctionnelles et contraventionnelles, que nous avons partagées en plusieurs degrés.

Nous parlons ici des règles de la compétence dans les poursuites et dans l'application de la peine, l'ayant considérée comme inhérente au Code pénal plutôt qu'au Code d'Instruction, qui ne doit traiter que de la simple procédure.

Après avoir parlé des effets de la condamnation, de la tentative, des auteurs et complices, nous avons cru devoir distinguer la *réitération* de la *récidive*, afin d'arrêter, s'il est possible, le criminel à une première action malfaisante.

Les circonstances aggravantes et atténuantes, que plusieurs codes abandonnent à la conscience des juges ou des jurés, sans qu'ils soient tenus d'en donner la raison, nous les avons classées d'après l'âge, le sexe et la malice, et d'après la responsabilité civile.

Enfin, les articles de la prescription et de la réhabilitation, que plusieurs législateurs considèrent comme des objets de simple procédure, nous ont paru appartenir aux lois pénales générales, et nous avons ainsi terminé notre projet.

D'après les bases posées, il sera ensuite facile de tracer les lois pénales spéciales en les partageant en deux classes : 1°. Infractions qui regardent l'ordre public, savoir : *la sûreté de l'État, la religion, la justice;* 2°. crimes contre les droits privés, savoir : *la garantie des personnes, l'honneur* et *la propriété.*

Le législateur ne sera plus obligé, dans cette seconde partie du code, de répéter à chaque instant la taxe pénale assignée au crime ou au délit, mais il déterminera seulement si le crime devra être puni en premier degré des travaux forcés, ou bien à un degré plus fort. (*Voyez* p. 86.)

Nous présenterons, dans un appendice, le système pénitenciaire en trois chapitres. Nous développerons, 1°. son origine, sa propagation, ses avantages et ses abus; 2°. nous parlerons des deux maisons pénitenciaires de Genève et de Lausanne, et enfin des maisons d'Amérique.

PROJET

DE

CODE PÉNAL UNIVERSEL.

PREMIÈRE PARTIE.

LOIS PÉNALES GÉNÉRALES.

TITRE PREMIER.

DES CRIMES, DES DÉLITS ET DES CONTRAVENTIONS ;
LEUR DÉFINITION (1) ET LEUR NATURE.

ARTICLE PREMIER.

Faire ce que la loi pénale défend, ne pas faire ce qu'elle commande (2), est un *crime*, un *délit*, une *contravention*.

---

(1) Les Codes du Tésin et de Parme sont les seuls qui donnent la définition du crime; nous avons suivi cette méthode, sans cependant accorder aux législateurs de Parme, *que les actions ou les omissions auxquelles la loi impose une peine suffisent pour former un crime.*

(2) *Legum vis illa est ut recte facere jubeant, vetantque delinquere, dum pœnas constituunt.* Nous observons, à ce propos, que presque tous les législateurs, depuis Moïse, ont sanctionné plus d'articles de défense ou de prohibition

ART. 2.

Nulle action, ni omission, ne pourront être imputées à crime, à délit, à contravention :

1°. Si aucune loi pénale précédemment publiée (1), a été violée.

2°. Si ni *dol* (2), ni *culpabilité* ne sont inter-
venus.

Le *dol* existe lorsque volontairement ou par

---

que de commande. (*Deutéronome*, chap. v.) Blackstone dit
que le crime consiste à faire ou ne pas faire ce que la loi
défend ou ce qu'elle commande. (*Voyez* de même le Code
de la Louisiane.) Le Code autrichien, dans son introduction, donne une idée générale du délit ; *il est formé par
des actions contre la loi, ou par des omissions de la loi.*
De plus, à l'art. 8, le législateur détermine sagement, *que
la pensée, la préméditation intérieure d'un crime ne pourra
être recherchée, si une action extérieure, contraire à la loi,
n'a pas été jointe.*

(1) Code pénal français, art. 4 ; de Parme, art. 2 ; de
Naples, art. 60 ; d'Autriche, art. 6. *Lege* 1ª *Cod. de Legibus, ibi : Leges et constitutiones futuris certum est dare for-
mam negotiis, non ad facta præterita revocari.* C'est pour ce
motif, que, dans le cas de passage d'une législation à une
autre, on donne des lois transitoires pour ne pas léser
les droits acquis.

Pour exiger obéissance à la loi, il faut la publier, non
seulement dans la capitale, *in urbe principis*, mais aussi
dans toutes les villes du royaume.

(2) Le Code autrichien, art. 1er, exige pour constituer le
délit, la *gravité de l'intention.* Cette définition n'est pas
exacte, car dans le *quasi delictum*, d'après le droit romain,
il n'y aurait que négligence.

une ignorance inexcusable (1) on fait, ou bien
on omet de faire ce que la loi pénale défend ou
commande, sans égard aux qualités personnelles
du lésé. (2)

La *culpabilité* (3) se trouve lorsque la violation de la loi est l'effet accidentel d'une action
indifférente, qu'on pouvait facilement prévoir.

ART. 3.

Ne sont pas imputables les actions et les omissions, savoir :

1°. Aux enfans qui n'ont pas encore accompli
leur septième année. (4)

---

(1) Lege 2 et 49, *de juris ignorantia*, Cod. autrich., art. 3.

(2) Le Code autrich., art. 4, dit qu'on peut commettre
un crime même en aidant un brigand, un furieux, une
personne qui veut être blessée.

(3) *Culpa pro negligentia accipitur, et definitur, ejus dili-
gentiæ prætermissio est, qua aliis damnum, vel injuria fiat.
Culpa lata est vel levis aut levissima.* (Instit. Justin.)

Plusieurs criminalistes opinent que, pour les fautes très
légères, il n'y aurait lieu à poursuite; ils se fondent sur le
chap. xv, 10, de saint Matthieu, où il est dit : *De corde
enim exeunt cogitationes malæ, homicidia, adulteria, for-
nicationes, furta, falsa testimonia, blasphemiæ.*

(4) Le Code napolitain et celui de la Louisiane fixent à neuf
ans l'âge du discernement; les Codes de Parme, du Tésin et
le romain, à dix ans; le Code autrichien à quatorze ans accomplis, et le Code français à seize ans. (*Voyez* article 66.)
Nous pensons avec Blackstone qu'un enfant parvenu à sa
huitième année est capable de malice; d'après aussi le

2°. Aux personnes qui ont été portées à l'infraction de la loi par une force majeure extérieure et irrésistible (1) pour la défense de leur

---

droit romain, leg. 1ᵃ, *de Administr. tutorum ;* leg. xɪv, *de Sponsalibus.* Nous croyons que l'enfant est justiciable après les sept ans révolus, en laissant aux juges à décider sur le degré de discernement et l'application de la peine. La loi du 28 avril 1832 pouvait suppléer ici au silence du Code pénal de 1810.

Le jurisconsulte anglais présente des exemples d'enfans de neuf et dix ans qui furent condamnés à mort pour avoir tué de leurs camarades et développé une malice prématurée. Nous pouvons affirmer que N. N., à l'âge de huit ans, a donné un coup de couteau à son frère cadet dans le berceau, afin d'être seul en famille. Ce crime fut tenu secret par les parens ; il fut avoué par le coupable, lorsqu'à l'âge de trente ans il se vit condamné à mort, convaincu d'un autre assassinat.

En 1825, le 16 décembre, un des commissaires de police à Paris, constata que la fille N., née en 1818, avait à cet âge de mauvaises habitudes, et qu'elle aimait à rester avec des garçons.

Cette fille désirait la mort de ses parens pour avoir de l'argent ; elle avona que lorsque sa mère était malade, elle faisait du bruit exprès, espérant de la faire mourir ; qu'elle méditait de faire mourir ses parens avec de l'arsenic. Cette enfant ne riait ni pleurait jamais ; elle méditait toujours : la police l'a fait enfermer dans un couvent.

(1) Les Codes autrichien et du Tésin exigent que le coupable ait été porté à l'action par une force irrésistible, sans la définir. Le Code de Parme, article 326, dit pour la défense en général de toute personne ; ce qui donne trop de

propre vie, de celle du mari ou de la femme,
de celle des enfans légitimes, des ascendans en
ligne directe, et pour la conservation de sa pro·
priété attaquée de nuit par les moyens d'esca-
lade, d'effraction d'une maison habitée (1) ou
de ses dépendances.

3°. A l'individu qui, dans une action en elle-
même licite, agit par erreur de fait (2), qui
ne lui laisse pas reconnaître dans l'action même
un délit, ou lorsque le mal sera dérivé de cet
accident (3) fortuit que la prudence humaine ne
pouvait ni prévoir, ni arrêter.

4°. Aux personnes qui, au moment de l'action,
se trouvaient dans l'état d'imbécillité absolue,
de folie, ou de maladies naturelles ou occasion-
nées par des maléfices (4) au point de les rendre
incapables de discernement.

---

latitude à la loi : nous avons cru devoir la borner aux plus
étroits liens légitimes, et de ne pas comprendre les enfans
non reconnus par la loi et sanctionner ainsi l'immoralité.

(1) Code de Parme, article 357; Code de Naples, article 374. Le statut de Henri VIII d'Angleterre déclare
qu'on peut tuer un agresseur de la maison en temps de
nuit. Code Grégorien pénal, liv. 1er, 1832.

(2) Code autrichien, article 2; du Tésin, article 3;
Blackstone, chap. xiv; Code romain, article 26, §. 2 et 4.

(3) Un chasseur, un artificier, peuvent causer des incen-
dies, des meurtres, sans commettre même d'imprudence.
(Lege v, *ad legem Juliam majestatis.*)

(4) Le Code autrichien, article 2, admet l'état d'ivresse

5°. Aux militaires, aux fonctionnaires publics, aux citoyens qui, d'après la loi ou les ordres de l'autorité légitime (1), auront agi en masse ou individuellement pour leur exécution.

ART. 4.

Le présent Code pénal est applicable à tout individu (2) qui se rend coupable ; il sera jugé

---

parmi les cas qui excluent le dol. Nous avons cru devoir désigner, parmi les maladies naturelles, la frénésie, le délire, etc.; parmi les occasionnelles, l'ivresse ou l'aliénation mentale excitées au moyen de drogues à l'insu du prévenu. Nous pensons que l'ivresse volontaire ou habituelle ne doit pas diminuer la peine méritée.

Le Code de la Louisiane exige que la démence au moment de l'action soit déterminée et prouvée.

(1) Nous avons tiré cette disposition du Code de Parme, article 355, où il parle des homicides, et nous avons cru que cette disposition doit s'appliquer à toutes les actions commandées par la loi ou par l'autorité.

Blackstone nous en donne un exemple au chap. 11, en parlant d'un officier qui, étant chargé par la loi d'arrêter un criminel ou de calmer une rébellion, se trouve dans la nécessité de faire feu sur le prévenu.

Le Code napolitain, article 372, dit qu'il n'existe pas de crime lorsque l'homicide est commandé par la loi.

Le Code de la Louisiane exige trop de formalités pour rendre un homicide légal; nous croyons que celui qui doit obéir n'est pas responsable de la légitimité des ordres donnés.

(2) On a jugé utile de soumettre à la loi pénale, même les étrangers, sans distinction ni privilége, lorsqu'ils au-

par les tribunaux ordinaires de l'État, les seuls militaires (1) exceptés, à l'égard des crimes, délits et contraventions de leur arme et de leur discipline.

TITRE II.

DES PEINES.

ART. 5.

Les peines sont classées ainsi qu'il suit :

1°. *Criminelles.*

2°. *Correctionnelles.*

3°. *Contraventionnelles.* (2)

---

ront contrevenu au présent Code, et il nous a paru inutile de faire la distinction établie dans le Code pénal romain du 20 septembre 1832, article 3, par lequel l'étranger doit avoir habité deux ou trois mois pour être assujetti à la loi pénale.

Nous ne trouvons pas d'inconvénient que le tribunal du pays juge, même par contumace, l'individu qui, en pays étranger, aura falsifié la monnaie nationale, qui aura conspiré contre son propre pays natal, ou qui aura commis un crime au préjudice d'un de ses concitoyens, d'après le Code pénal romain, article 5.

(1) Nous pensons, contre l'opinion de Barbacovi, que le glaive de la justice doit tomber sur tous indistinctement, sans égard aux qualités personnelles; le contraire serait d'un mauvais exemple. (Loi des 12 octobre 1791 et 18 août 1804; Code romain de 1832, article 8.)

(2) Nous demandons pardon aux membres de l'Académie française, compilateurs du nouveau Dictionnaire, d'avoir créé un mot qui serve à préciser les peines de simple police.

Leur objet est de prévenir, par la crainte, les actions malfaisantes ou de les arrêter (1) dans leur marche par l'application sévère et prompte de la peine.

CHAPITRE PREMIER.

Des Peines criminelles.

ART. 6.

Les peines criminelles sont :
1°. La mort. (2)

---

(1) L'objet de la peine n'est point, dirigé à l'expiation de l'action émise, il appartient à Dieu créateur de la déterminer ; d'où il suit, que lorsque le crime qu'on veut punir n'est pas égal à la sévérité de la peine fixée, le législateur ne pourra justifier une telle loi au tribunal de la conscience et de l'humanité.

(2) Répandre le sang de nos semblables est un fait qui mérite toute la maturité : la peine de mort ne doit être infligée qu'à l'homme incorrigible par l'habitude au mal ou par l'atrocité du crime.

Il est cependant impossible de se dispenser d'infliger cette peine fatale, quoi qu'en disent ces philosophes modernes qui théorisent sans expérience, émettant en principe que la passion qui conduit au crime fait dédaigner le danger de la peine, que même elle la fait désirer lorsqu'elle consiste dans la mort.

Une longue habitude dans la poursuite des criminels nous a convaincu du contraire. Les assassins les plus fiers, les parricides même, ont en horreur la mort qui les attend ; car il est impossible aux esprits les plus forts de résister aux lois de la nature, laquelle tend à la conservation de notre existence.

Si on voit des hommes quelquefois monter à l'échafaud d'un pied ferme, avec de l'audace, il faut convenir que leur tête est exaltée comme celle du suicide; cependant on a souvent trouvé que les suicidés avaient l'attitude du repentir, et qu'ils s'étaient débattus pour sortir du fleuve ou de la chambre où ils s'étaient asphyxiés, ce qui prouve la tendance de la nature à sa propre conservation.

La mort est une peine indispensable pour arrêter les actions les plus atroces; elle doit être très prompte et exemplaire; elle doit être très rarement infligée, comme en Autriche et en Toscane, mais elle ne peut pas être abolie. Les opposans mettent toujours en avant le hasard d'une condamnation injuste; ils citent souvent le fait de la pie voleuse. Mais ces craintes de la condamnation d'un innocent disparaissent avec l'établissement des débats publics, du tirage au sort des jurés, et du jugement collégial. Nous désirons que le ministère public soit plus froid et moins séduisant dans son acte d'accusation; que les questions de fait soient posées avec plus de précision; qu'on supprime en France toute exhortation au jury, dans lesquelles souvent le président des assises manifeste l'opinion préventive du tribunal, comme nous l'avons déjà remarqué.

Les théoriciens prétendent que la vie de l'homme est inviolable hors le cas de légitime défense. Je demande si, ayant le malheur de succomber, mon assassin restera en vie tandis que j'avais le droit de le tuer?

Pourquoi la société, protectrice de ma personne, ne sera-t-elle pas en droit de mettre à mort mon injuste agresseur? ce droit nécessaire dérive de la connexité qui existe entre le crime et la peine, car la justice humaine est un élément de l'ordre social.

Beccaria s'est servi d'un sophisme pour opiner contre la

2°. Les fers perpétuels. (1)

3°. Les travaux forcés temporaires. (2)

4°. La déportation, et le bannissement. (3)

5°. La dégradation civique.

---

peine de mort; il suppose que l'homme venant en société, n'a pas voulu attribuer à celle-ci le droit de lui ôter la vie. Nous observons que ce droit consiste dans l'acte de sa soumission aux lois du pays, et en consentant que la peine lui soit infligée en cas d'infraction des mêmes lois.

(1) Dans le Code autrichien, la peine de mort est très rare, mais le *carcere durissimo* équivaut à la mort, car cette peine est insupportable.

En Angleterre, la peine de mort est prononcée à tout instant; elle est aussi éludée par la déportation à vie ou à temps. Il est étonnant, dans un pays très libéral et philanthrope, d'entendre si souvent fouetter les citoyens de quarante ou quatre vingts coups, à la discrétion de l'Under-schérif. Comment peut-il se trouver des fanatiques pour proposer les institutions anglaises comme des modèles !

La peine de mort est nécessaire, mais il faut l'employer avec modération, pour les plus grands crimes, car de l'application de la peine dépend l'opinion générale de la société civile. Ainsi le Code romain de 1832 l'a réduite à vingt-six cas les plus atroces; elle pouvait être diminuée encore, aux art. 88, 89, 100, 153, et à l'art. 296 concernant le duel.

(2) La peine équivalente en Autriche est celle du *carcere duro*, détaillée dans le Code pénal. La loi du 28 avril 1832, ajouta au Code français la peine de la détention à celle de la réclusion.

(3) Nous avons établi au même article ces deux peines, car la première est applicable aux citoyens, la seconde aux étrangers, comme le Code romain vient de le distinguer.

6°. L'interdiction perpétuelle.

Aucune des peines susdites ne portera atteinte à l'honneur, ni préjudice aux droits civils et politiques de la famille et de la parenté du condamné. Celui-ci seul est frappé d'infamie (1) par le jugement définitif, qui l'aura déclaré déchu de tous les honneurs (2), dignités, capacités civiles et commerciales, sauf le cas de la réhabilitation d'après l'article 76, titre X, du présent Code.

ART. 7.

La peine de mort consiste dans la décapitation en public, sans autre tourment corporel du

---

(1) Le Code de Toscane, article 28, établit que la personne même de l'exécuteur de justice ne sera plus considérée comme infâme.

Le Code napolitain donne des théories très métaphysiques à ce propos; article 1er, il dit : « que nulle peine n'est « infamante, mais que l'infamie provient de l'action infa- « mante par sa nature ou par ses qualités. »

Nous observons, à ce propos, que le seul coupable attirant sur lui la peine à cause de sa mauvaise action, il s'ensuit, que c'est le jugement qui le rend infâme, en lui appliquant la peine méritée.

(2) Le Code autrichien, article 23, ordonne que les nobles, les chevaliers, les docteurs, soient, avant l'exécution du jugement, rayés de la liste politique, et que les biens appartiennent aux héritiers légitimes.

Le Code de Parme, article 58, dit que les biens acquis par le condamné appartiennent à l'État; ce qui produit une fiscalité litigieuse et trop sévère.

condamné (1); l'exécution sera simple, ou exemplaire.

---

(1) Le Code pénal grégorien, article 70, a sagement établi qu'on ne pourra attacher d'autres tourmens corporels à la peine de mort.

La loi anglaise, les Codes autrichien et de Parme, les constitutions sardes, liv. IV, ont retenu le gibet comme instrument de mort, tandis que la décapitation vient même par le Code romain de 1832 d'être adoptée, comme le moyen le plus prompt et le moins pénible. Nous observerons avec le célèbre Beccaria, que le condamné n'étant plus capable de correction, il ne doit servir que d'exemple au public. Les médecins assurent que le supplice du gibet est le plus barbare, le plus inhumain, car le condamné souffre, et il se trouve dans un état d'irritation; le docteur Portal de Paris, et le chirurgien Rossi de Turin, nous ont cité des exemples d'hommes pendus qu'on a trouvés vivans après l'exécution lorsqu'ils furent remis à l'école de l'anatomie; pour prévenir cet accident, et éviter en Angleterre la corruption du bourreau, qui souvent sauva la vie à des condamnés, la loi ordonne que le corps doit rester six heures attaché à la potence, et cet affreux spectacle a été aussi adopté dans le Code de Parme. Il est d'ailleurs très avilissant pour l'humanité, de voir le bourreau monter sur les épaules, et presser avec le pied la tête du patient qui se trouve en souffrance, ce qui excite la pitié des spectateurs et l'indignation publique. Les Espagnols, plus humains, ont établi l'ancienne strangulation des Romains, la même qu'on fit éprouver aux complices de Catilina. Nous croyons cependant que cette peine est plus embarrassante dans l'exécution que celle de la décapitation.

Les peuples ont eu leur enfance, et les lois étaient adap-

L'exécution est *simple* lorsqu'après la décapitation, le corps de l'exécuté pourra être ac-

---

tées aux temps; les peuples sont parvenus à la virilité après trois siècles de lumières, à dater de l'invention de l'imprimerie; il faut donc éloigner les lois barbares, les anciens statuts de dix siècles et plus; et à cette collection de lois qui forme une mosaïque de cent mille pierres de différentes couleurs sans ordre, il faut substituer un code basé sur les principes de l'humanité et de la civilisation.

Loin de nous les tourmens de la lapidation, du sciage du corps, de l'étranglement, et du feu dont les Juifs législateurs se servaient.

Loin de nous la corde, le fer et le poison (*) en usage chez les Athéniens.

Loin de nous la hache des licteurs pour trancher la tête des citoyens romains, ou le supplice de la croix après la flagellation, pour mettre à mort les esclaves et les Juifs.

Loin enfin de nous les peines dont on se servait en Europe dans les siècles derniers, d'*écarteler*, d'*étrangler*, de *rouer*, de *consumer dans des flammes*, loin de nous la *mutilation*, les *tenailles rouges*, et la peine des *cent couteaux* encore à présent usitée à la Chine. Cette peine horrible consiste à placer le condamné sur une croix de la hauteur de cinq pieds, plantée solidement, et de le trancher en morceaux au moyen des couteaux tirés au hasard d'un sac, et sur lesquels est gravé le membre à couper. L'empereur se sert ordinairement de sa prérogative de commuer cette terrible peine en celle de la décapitation; en cas contraire, les pa-

(*) Des médecins ont proposé l'acide prussique comme le moyen le plus prompt, le moins pénible; mais cette peine serait d'un mauvais exemple; elle serait de difficile exécution; elle tiendrait de la barbarie.

6

cordé aux parens , aux amis , à une compagnie
de bienfaiteurs , pour être enterré sans aucune
pompe funèbre. (1)

L'exécution est *exemplaire* ,

1°. Lorsque le condamné devra être exécuté
dans le lieu où le crime (2) a été commis, ou dans
tel autre endroit indiqué par la loi.

2°. Lorsque le patient sera conduit au lieu de
l'exécution sans veste , nu-pieds et avec un voile
noir en écharpe.

3°. Lorsque le coupable sera traîné au supplice
sur une planche roulante, il portera sur le dos
un écriteau indicatif de ses nom , prénoms , patrie , et de ses crimes.

---

rens gagnent le bourreau , et le couteau qui doit percer le
cœur sort le premier du sac (*Voyez* divis. VI du Code
pénal de la Chine).

Le Code napolitain établit trois modes d'exécution ; savoir, le gibet, la décapitation et la fusillade ; nous trouvons
que la guillotine est , au dire des médecins , la moins pénible pour le condamné. Le Code grégorien ordonne, comme
une mort exemplaire , la fusillade dans le dos , ou la décapitation sur le lieu du crime.

(1) Diodore de Sicile nous atteste que les Égyptiens re-
fusaient les honneurs de la sépulture aux criminels et aux
banqueroutiers. On a de plus reconnu , dans les fouilles
récentes , que les assassins avaient été enterrés avec les
instrumens de leurs crimes.

(2) *Emendet ubi malum perpetravit.* (*Voyez* les lois anciennes.)

4°. Lorsque la tête de l'exécuté restera exposée pendant vingt-quatre heures (1); elle devra ensuite être renfermée dans un lieu désigné avec inscription en marbre portant les nom, prénoms et qualités de l'individu, et la nature du crime. (2)

Dans les cas d'exécution exemplaire, le corps de l'exécuté ne pourra être accordé à personne(3);

---

(1) Ceux qui veulent l'exécution privée des condamnés à mort seront contre nous, sans réfléchir que l'identité de la personne doit être jugée par le public, autrement on donnerait lieu à des soupçons. Rappelons-nous les cachots de l'aristocratie vénitienne, et qu'on tremble à entendre parler de ces exécutions mystérieuses.

(2) Nous avons reconnu que les crânes des criminels conspirateurs qui sont conservés au-dessus de la porte Saint-Ange à Rome, servent, encore à présent, d'exemple et frappent l'imagination du peuple.

(3) En Angleterre comme à la Chine, le refus du corps de l'exécuté à ses parens est très déshonorant.

Le Code de la Chine porte que la strangulation est moindre que le décollement, car lorsqu'on étrangle un criminel le corps reste entier, il est recueilli par la famille, qui fait les obsèques et dresse un tombeau; le respect pour la parenté l'emporte sur les actions du défunt. Mais lorsque le criminel est décapité, sa tête appartient au gouvernement; elle est salée et mise dans une cage de bois plantée sur un poteau pour servir d'exemple à l'endroit du crime; la famille recueille les restes du corps, et d'après les idées religieuses du pays, c'est un grand malheur d'avoir une partie du corps sans sépulture, car les *mânes* sont errantes.

il sera enterré par les agens de justice d'après un réglement et au lieu désigné.

ART. 8.

Les fers perpétuels portent que le condamné soit, après le jugement définitif, flétri sur le front et à la paume des mains par les lettres *P P* (1) sur une place publique en plein jour, où il sera enchaîné par les pieds et au milieu du corps,

---

(1) La flétrissure ne doit être imprimée qu'à l'individu mort civilement, afin qu'il ne puisse s'évader sans être de suite reconnu, et qu'il serve d'exemple.

Le Code autrichien, article 22, a réservé la marque R pour les étrangers condamnés au bannissement. Nous ne croyons pas que le droit des gens autorise cette flétrissure.

Le Code napolitain a tout-à-fait aboli la marque comme antisociale ; nous espérons qu'elle disparaîtra des codes des nations civilisées, et qu'on laissera aux Chinois les marques dont les voleurs sont flétris près du poignet, d'après la sect. 281 du Code, qui établit en outre des peines contre ceux qui effaceront ces marques.

M. Appert, dans son voyage aux bagnes de Brest et de Toulon de 1828, convient de cette circonstance malheureuse, *ibi.* : « L'élément des forçats est le crime, leur « joie de publier, de grossir ceux qu'ils ont commis ; leur « consolation, l'espoir d'en commettre encore. »

L'expérience de cet homme philanthrope qui a voulu se rendre le confident des scélérats doit nous convaincre que l'abolition de la peine de mort servirait de consolation et d'espoir à commettre de nouveaux crimes, et que la flétrissure est bien due à des êtres incorrigibles par l'énormité de leurs crimes.

et renvoyé au lieu destiné aux travaux forcés les plus pénibles. Il y dormira sur la paille ; il n'aura pour toute nourriture que du pain, de l'eau et un potage, sans pouvoir recevoir aucun subside, hors le cas de maladie grave, ni pouvoir être visité que par les époux, ascendans et descendans directs, frères et sœurs.

ART. 9.

Les travaux forcés temporaires obligeront le condamné à porter la chaîne à un pied, ou bien à tous les deux, lorsque la peine excédera les quinze ans ; à faire un travail journalier et à dormir sur une paillasse. Il ne pourra être visité que par ses parens, sans espoir de subsides extérieurs ; il aura du pain, de l'eau, deux potages par jour, et le seul travail et bonne conduite pourront lui procurer de la viande et du vin (1) deux fois la semaine.

La durée de cette peine est partagée en quatre degrés. (2)

---

(1) Nous avons cru nécessaire d'adoucir l'article 13 du Code autrichien, qui n'accorde qu'une soupe et une planche pour lit aux condamnés à la *prison dure* (carcere duro). Nous voulons, par ce moyen, animer le détenu à un travail plus actif que celui que la maison ordonne, sans cependant qu'il puisse jouir du profit pécuniaire obtenu, comme nous le dirons ailleurs.

(2) L'empereur Yong-Tching en publiant son Code chi—

1°. De 3 à 5 ans.

2°. De 5 à 10 ans.

3°. De 10 à 15 ans.

4°. De 15 à 20 ans.

ART. 10.

La déportation et le bannissement consistent dans la translation des nationaux au lieu déterminé par le gouvernement, ou dans l'expulsion de l'étranger hors des limites des frontières de l'état (1),

---

nois de 1725, fut le premier à partager le degré des peines, de manière à ôter toute latitude aux juges.

Les Codes du Tésin et de Naples ont suivi ce bon exemple; ils bornent cette latitude effrayante que le Code français donne à trois juges; ils bannissent cet arbitraire que les lois incomplètes de l'Angleterre laissent parmi un peuple civilisé.

L'échelle par nous établie peut rendre le présent Code applicable aux peuples les plus éloignés, aux climats les plus opposés, car le législateur n'a qu'à varier et appliquer, dans la disposition des lois pénales spéciales, tel degré de peine suivant les circonstances pour arrêter les progrès d'un crime déterminé. « La loi pénale, d'après Montesquieu, doit être telle qu'elle ne donne au magistrat aucun arbitrage; car les Éphores de Sparte étaient odieux à cause de leur pouvoir arbitraire. »

Le Code grégorien n'a établi que trois degrés, de 5 à 10, de 10 à 15, de 15 à 20 de galère, ensuite les fers à perpétuité.

(1) Toute nation qui n'aura pas de colonies pourra assigner aux déportés le territoire le moins sain, ou le plus sauvage; et si le déporté vient à violer les limites qui

avec privation dans les deux cas de tout droit civil pendant le temps déterminé.

Ces peines sont temporaires, de cinq à dix ans au plus. (1)

ART. 11.

La dégradation civique consiste dans la destitution du condamné, et dans son exclusion de toutes fonctions, honneurs, emplois, de tout droit civil et politique (2) à vie, ou pour un temps limité qui ne pourra être moindre de cinq à dix ans.

---

lui sont assignées, il sera jugé et condamné aux termes du titre de la *Récidive*.

Le Code autrichien et le Code grégorien ont sagement établi, à l'article 22, d'après le Code de la Chine, que le bannissement ne doit avoir lieu que pour les étrangers; car le citoyen a droit de rester dans son pays, pour ne pas être assujetti à une vie errante. Il n'est pas équitable *dum nobis consulimus aliis nocere*, de jeter sur l'état voisin des criminels qui porteront le trouble, qui commettront de mauvaises actions par nécessité, ou par habitude, au préjudice de la nation qui leur accorde l'hospitalité. Nous aurions cru que, en 1832, par la loi du 28 avril, on aurait fait disparaître du Code pénal la peine du bannissement pour les citoyens français, mais elle fut malheureusement conservée aux articles 8, 33, 56, etc., sans distinction entre les citoyens et les étrangers.

(1) Nous pensons, contre l'opinion du législateur du Tésin, que la peine de la déportation est plus forte que celle de la dégradation civique, car elle prive l'homme de sa patrie, en lui assignant les limites d'un lieu d'exil.

(2) Le Code napolitain, art. 14; le Code de Parme,

ART. 12.

Par l'interdiction (1) *perpétuelle* le condamné est reconnu indigne, et rendu pour toujours incapable d'exercer une fonction déterminée, un emploi public, une profession, un art, ou commerce, et de retenir des armes (2); ce qui ne le dispensera pas du service militaire forcé.

---

art. 22 ; le Code français, art. 28 ; et la loi du 28 avril 1832, art. 27 et 34, accordent au condamné la tutelle de ses enfans, ce qui paraît contradictoire avec l'article 25 du Code civil Napoléon, et avec l'objet de la mort civile, prononcée par le Code pénal.

Nous estimons qu'il faut mettre le moins de contradiction possible entre la peine et l'effet de la même peine; car en établissant que, par la dégradation, on perd tous les droits civils et politiques, il est inutile de la spécifier, et l'homme étant mort civilement pendant le temps déterminé par la loi, il ne pourra exercer la tutelle même de ses enfans sans se faire revivre.

(1) Nous avons cru qu'il ne fallait pas laisser aux tribunaux correctionnels le droit de prononcer l'interdiction perpétuelle.

Nous avons distingué l'interdiction, de la suspension temporaire, comme le législateur autrichien l'a sagement établi à l'art. 24 du Code pénal. (*Voyez* aussi, art. 68, Code grégorien.)

(2) Loin de nous l'idée de l'exposition d'un condamné au *carcan*, peine exemplaire adoptée par plusieurs législateurs; car elle produit souvent des scènes scandaleuses, lorsque les criminels exposés sont sans pudeur, sans contenance. Nous avons adopté une publicité bien plus

CHAPITRE II.

Des Peines correctionnelles.

ART. 13.

Les peines correctionnelles sont :

1°. La prison rigoureuse. (1)

2°. La suspension temporaire.

3°. Le service militaire.

4°. L'expulsion.

---

manifeste, à l'art. de l'effet de la condamnation, tit. III, du présent projet de code.

(1) Le Code autrichien, art. 11 et 12, 2e partie, établit deux espèces de prisons, et dans celle rigoureuse, ordonne que le condamné aura des fers aux pieds. Mais nous avons cru que les fers doivent être réservés aux criminels, et qu'il suffit d'une surveillance sur les concierges, afin qu'ils ne se laissent pas corrompre dans l'exécution de l'art. 14 suivant.

Le même Code autrichien ordonne, à la place de la prison, la bastonnade pour les domestiques, les artisans et les laboureurs, sur la considération que la détention leur serait préjudiciable ; mais l'état de civilisation de l'Europe s'oppose à cette peine, particulière aux esclaves d'Amérique. L'établissement d'une maison pénitentiaire pourra être utile à la correction des mœurs, et à introduire parmi les vagabonds l'amour du travail. Nous dirons, de plus, que le Code français a trop facilement multiplié les catégories des peines, en ajoutant la *détention* et la *réclusion* pour les condamnés criminels, ne laissant point ainsi de ligne de démarcation entre les peines afflictives et les peines correctionnelles.

5°. La rétractation solennelle.

6°. L'amende.

ART. 14.

La prison rigoureuse devra être supportée par le condamné dans la maison de correction (1), où il sera employé à un travail journalier à sa portée. Il percevra pain, eau, et deux potages par jour ; il ne pourra recevoir de subsides extérieurs hors le cas de maladie bien constatée (2), et il ne communiquera qu'avec ses parens.

---

(1) Le Code du Tésin, art. 26, dit que la peine de la prison de premier et second degré pourra être commuée en une amende, à raison de 6 fr. par jour, lorsque le coupable sera une personne de bonne conduite. Ce rachat de peine, qui paraît avoir été tiré du Code chinois, est très inconvenant ; il a été cependant rapporté aussi dans le Code de Parme ; et les riches échappent toujours à la peine corporelle moyennant de l'argent.

(2) Législateurs, voulez-vous arrêter les délits et les crimes dans leur source ? soyez rigoureux à faire supporter les peines correctionnelles. Pourquoi un riche étourdi qui exerce des violences, un banqueroutier frauduleux, auraient-ils le privilége d'être bien nourris par le concierge de la prison, qui exerce la profession d'hôtelier, tandis qu'un malheureux qui a commis accidentellement un délit correctionnel est, à défaut d'argent, soumis à la rigueur de la peine ? Les criminels, en prison, doivent tous être également astreints à satisfaire aux lois pénales par eux violées ; moins de distinctions, et nous aurons moins de coupables à punir.

Dans la maison pénitentiaire de Genève, on a adopté

§. Ier. La moitié du produit du travail reviendra (1)
au profit de la maison de correction, un quart (2)
sera délivré au condamné pour en disposer au
profit de ses parens indigens ou se procurer les
agrémens admis par les réglemens, et l'autre
quart sera tenu en réserve pour lui être remis à
sa sortie de la maison (3) correctionnelle.

§. II. La durée de la prison est partagée en
quatre degrés. (4)

---

cette sévérité : tout secours étranger est défendu, et les
délits ont diminué.

(1) Une maison pénitentiaire de deux cents individus
ne coûtera plus rien au gouvernement, car le produit balan-
cera la dépense.

(2) Les Codes de Parme, art. 28 ; de Naples, art. 23 ;
de France, art. 41, n'ont pas déterminé la quotité du
produit qui appartiendra au prisonnier ; on renvoie à des
réglemens particuliers. Nous avons cru devoir mettre la
chose au jour, et animer ainsi les détenus au travail, en
fixant l'emploi de son produit dans le Code pénal.

(3) Un pauvre malheureux qui sort de prison ne trouve
pas de suite de l'occupation ; souvent il est malade, ou
dans un état de faiblesse, et s'il n'a pas quelque moyen
d'existence, il commettra de nouveaux délits.

(4) Le Code napolitain, art. 26, a fixé trois degrés de
détention, de déportation et d'exil. Nous avons cru devoir
suivre la même échelle établie pour les crimes, en laissant
toujours aux juges le moins d'arbitraire possible. Le Code
grégorien a porté le maximum de l'emprisonnement à
trois ans.

1°. De 4 jours à 4 mois. (1)

2°. De 4 mois à 1 an.

3°. De 1 an à 2 ans.

4°. De 2 ans à 3 ans.

ART. 15.

La suspension temporaire consiste dans l'interdiction pour les temps (2) ci-après indiqués, de l'exercice total ou partiel des droits civiques, d'une fonction, ou emplois publics, d'une profession, ou métier, d'un commerce, ou de l'usage des armes.

La durée de cette peine est de quatre degrés.

1°. De 3 à 6 mois.

2°. De 6 mois à 1 an.

---

(1) Dans les maisons pénitentiaires de Genève et de Lausanne, on renferme les condamnés depuis trois mois de prison jusqu'à vingt ans de fers. Nous n'admettons pas dans de semblables maisons les condamnés à plus de quinze ans, comme incorrigibles.

(2) Nous avons opiné de ne pas laisser aux tribunaux correctionnels la faculté de prononcer l'interdiction perpétuelle, pour ne pas abandonner l'existence politique des citoyens à des juges d'un tribunal inférieur.

Le Code du Tésin a porté jusqu'à douze ans la suspension d'un fonctionnaire public ; tandis que la suspension d'un artisan ne peut avoir lieu au-delà de trois ans. Nous n'avons pas admis cette distinction, et nous avons fixé un terme invariable. Le Code romain, art. 68, a établi l'interdiction temporaire sans déterminer la durée de la peine, ce qui laisse aux juges beaucoup d'arbitraire.

3°. De 1 an à 3 ans.
4°. De 3 ans à 5 ans.

Art. 16.

Le service militaire force le condamné à rester pendant quatre ans au moins et huit ans au plus à la disposition du gouvernement pour un service de terre ou de mer organisé à cette fin. (1)

Art. 17.

L'expulsion (2) consiste dans l'éloignement du condamné du territoire où il a commis le délit, à la distance au moins de trois lieues, dans le district du tribunal qui aura jugé, et pour un temps déterminé, qui ne pourra être moindre de trois mois, ni excéder trois ans.

---

(1) Plusieurs enfans abandonnés peuvent, par ce moyen, être tirés de la vie oisive, de la pratique des escroqueries, de la mendicité de profession, en leur faisant donner une éducation militaire et morale.

(2) Nous avons extrait cette peine des Codes de Parme et de Naples, qui ont tiré telle disposition très sage de l'art. 11 du Code autrichien, qui cependant n'avait pas fixé les limites de cette peine, abandonnée à la volonté des juges : de plus, il établit que les étrangers seront assujettis au bannissement, ce qui nous paraît un peu-trop sévère pour un délit correctionnel.

Cette peine est préventive à d'autres délits : nous avons souvent reconnu que la présence des parties dans le même village, après un premier jugement, excite de nouvelles querelles et des vengeances souvent criminelles.

Art. 18.

La rétractation solennelle est ordonnée par le jugement même qui condamne le coupable à désavouer, séance tenante, tout *écrit*, *geste*, *paroles*, *signes* ou *symboles* injurieux, à peine, en cas de refus, de la prison au premier degré, et de l'affiche du jugement (1), imprimé à 300 exemplaires ; le tout aux frais du condamné.

Art. 19.

L'amende (2) oblige le coupable à payer une somme déterminée au trésor public, outre les frais, les restitutions, et les dommages : elle est partagée en quatre degrés.

1°. De 20 francs à 100 francs.
2°. De 100 francs à 500 francs.
3°. De 500 francs à 1000 francs.
4°. De 1000 francs à 5000 francs.

---

(1) On aurait pu obliger le condamné à la rétractation par la voie de la force, mais nous n'avons pas cru devoir compromettre ainsi l'action du gouvernement, tandis que l'impression du jugement produit le même effet ; nous croyons ce moyen très utile pour borner la licence de la presse.

(2) Livingston, dans son projet de Code pénal pour la Louisiane, a proportionné l'amende aux revenus et aux émolumens possédés par le délinquant ; il a suivi ici le système anglais, que nous désapprouvons plus bas ; car un gouvernement ne doit pas tirer profit des fautes des citoyens, ce serait un équivalent de la confiscation, au préjudice des héritiers légitimes.

CHAPITRE III.

Des Peines contraventionnelles.

ART. 20.

Les peines contraventionnelles (1) sont :

1°. La détention de police.
2°. Les arrêts de famille.
3°. La réprimande publique.
4°. La surveillance.
5°. La soumission de bien vivre.
6°. L'amende simple.

ART. 21.

La détention de police consiste dans la réclusion du condamné à l'hôtel de la commune dans
un rez-de-chaussée, à cet effet préparé, ayant
croisée grillée sur la voie publique. (2)

---

(1) Le Code du Tésin, dans la procédure criminelle,
sanctionné le 15 juillet 1816, n'a pas établi le tribunal de
simple police; en conséquence, ledit Code pénal ne parle
que des crimes et des délits. Nous jugeons utile d'attribuer
aux juges de paix, aux juges des districts communaux,
la connaissance, sans frais, des querelles journalières, et
la faculté de corriger paternellement les coupables, sans
multiplier les poursuites et les dépenses par-devant les
tribunaux supérieurs.

(2) Nous désapprouvons l'usage de mettre les condamnés en public, dans des billots; cette espèce de carcan,
souvent ridicule, ne fera qu'exaspérer les esprits, ôter
toute sorte de pudeur, et rendre, par l'avilissement, les

La durée de cette punition ne pourra être moindre de vingt-quatre heures, ni excéder les trois jours ; pendant lequel temps le détenu aura deux potages par jour, pain et eau. Il pourra être visité à la croisée, sans recevoir le moindre secours.

ART. 22.

Les arrêts de famille (1) se bornent à forcer le condamné à rester dans sa maison pendant le temps fixé, à peine de la détention d'après l'article précédent, en cas de désobéissance.

Cette punition ne pourra être moindre de trois ni excéder six jours.

ART. 23.

La réprimande publique est exercée par le juge dans son tribunal de police envers le condamné, en présence des parties lésées, en plein auditoire : elle sera transcrite au procès-verbal d'audience, lue à haute voix et signée par les parties.

ART. 24.

La surveillance (2) consiste dans l'obligation

---

hommes plus méchans. Il est cependant utile que le public puisse, à certaines heures de la journée, voir le condamné, et profiter de cet exemple.

(1) Le Code autrichien, art. 13, partie 2e, parle des arrêts de famille, avec une garde à la porte ; mais alors la peine est trop dispendieuse, elle est vexatoire, et plus forte que la détention de police.

(2) Pour s'assurer de la bonne conduite et du travail

du condamné à rendre journellement compte de ses actions et de son travail à l'autorité locale pendant l'espace d'un à six mois.

ART. 25.

La soumission de bien vivre (1) porte que le condamné sera tenu de passer et de signer un acte de vivre en honnête citoyen, d'après la règle désignée dans le jugement, et de donner caution de sa conduite future.

ART. 26.

L'amende simple (2) sera fixée par le jugement ; elle ne pourra être moindre de 5 francs, ni excéder 20 francs, payables au profit du trésor, indépendamment des frais, des restitutions et des dommages.

---

des hommes sans aveu, nous avons cru utile d'établir cette peine, qui est plutôt une prévision paternelle, d'après laquelle l'individu ne doit pas être vexé, mais maintenu sous la protection des autorités.

(1) Cette caution, *bene vivendi*, provenant des lois saxonnes, est utilement employée en Angleterre et en Piémont ; elle pouvait ailleurs produire de bons effets. Le Code napolitain, art. 32, a prescrit cette obligation pour les vagabonds.

(2) Le Code autrichien, art. 16 et 20, ajoute le fouet, la bastonnade, le jeûne, et l'exposition publique ; le Code de Toscane, la flagellation sur l'âne. Nous avons éloigné toute peine avilissante ou ridicule, car l'homme, une fois avili, s'abrutit et passe facilement aux crimes les plus atroces.

CHAPITRE IV.

Des Règles sur la compétence (1) des Poursuites,
et de l'application des Peines.

ART. 27.

La qualité des peines statuées par la loi, déterminera toujours la nature du crime, du délit ou de la contravention ; elle établira aussi la compétence du tribunal.

ART. 28.

Le tribunal auquel l'incompétence n'aura pas été opposée avant l'assignation du prévenu à l'audience, sera tenu de juger au fond (2), et si la prévention change de nature par suite des défenses proposées, les juges passeront outre à l'application d'une peine plus douce (3); mais si le fait est reconnu plus grave, par les circonstances développées aux débats, et du ressort d'un

---

(1) Nous dira-t-on que ce chapitre appartient plutôt à la procédure qu'au Code pénal ; cependant, par la lecture des articles, on reconnaîtra que plusieurs législateurs ont jugé comme nous à cet égard.

Le Code d'instruction ou de procédure criminelle ne doit régler, à notre avis, que la marche à suivre dans les poursuites, dans le jugement, et dans l'exécution.

(2) Par cette disposition, on évitera tous les moyens de chicane qui retardent l'expédition des procès, et qui causent des frais au trésor public.

(3) Code napolitain, art. 468.

tribunal supérieur, le juge en se déclarant in-compétent, prononcera le renvoi des pièces et du prévenu.

Art. 29.

Aucun jugement de condamnation ne peut être prononcé ni mis à exécution dans un jour de fête ordonnée ou reconnue (1) par le gouver-nement, ni avant l'heure du lever, ni après celle du coucher du soleil, et l'exécution suivra au lieu désigné d'après l'art. 7, §. Ier précédent.

Art. 30.

Les faits punissables, d'après la loi, donneront toujours lieu à l'action publique pénale (2), lors-qu'ils ne seront pas expressément déclarés appar-tenir à l'action privée.

Art. 31.

Tout citoyen (3) qui, dans un pays étranger,

---

(1) Nous avons voulu respecter les opinions religieuses pour éviter les malheurs, les désordres dont Montauban et Nimes nous ont donné des preuves. Le jury pourra déli-bérer même un jour de fête; car les débats, dans les pays où le jury est établi, ne peuvent discontinuer; mais les juges devront donner acte de la délibération, et s'il s'agis-sait d'appliquer une peine, ils renverront la prononciation au premier jour d'audience.

(2) Cet article détermine l'action du ministère public et de la police d'état, d'une manière précise, pour ne pas attendre la plainte de la partie, lorsqu'il s'agit de fait punissable et qui intéresse le bon ordre.

(3) Cet article a été inséré au n. 5 du Code d'instruction

se rendra coupable d'un crime attentatoire à la sûreté de sa patrie ou de la contrefaçon des sceaux, des timbres, de la monnaie nationale, ou étrangère admise en circulation par le tarif de l'état, des effets publics du trésor, et autres comptoirs autorisés, sera poursuivi et jugé d'après le présent Code, sans avoir égard aux lois du pays où le crime aura été commis, quand même elles seraient plus douces.

§. 1er. La même disposition sera applicable aux étrangers (1) auteurs ou complices des crimes ci-dessus indiqués, et qui seront arrêtés dans le royaume, aux individus indistinctement, dont on obtiendra l'extradition (2); mais, dans ces deux cas, la peine établie sera diminuée d'un degré.

---

criminelle de France, mais il paraît appartenir au Code pénal, comme le législateur autrichien a sagement établi aux art. 30, 31 et 32 du Code pénal, en déclarant que tout citoyen qui se révolte contre les lois de sa patrie, doit être jugé d'après ces mêmes lois.

Le Code grégorien pénal, art. 72, est conforme à notre projet. (*Voyez* la note page 74.)

(1) Le Code chinois, sect. 34, ordonne que tout étranger qui commettra des délits dans l'empire, sera jugé et condamné d'après les lois du pays, sauf le cas de délit accidentel. (*Voyez* décision de février 1808.)

(2) L'extradition, qui est une mesure de sûreté réciproque, est toujours considérée comme violation du droit des gens; ainsi la diminution d'un degré de peine, soit en faveur du régnicole, soit de l'étranger, est de toute équité.

Art. 32.

Tout individu qui, dans un pays étranger, aura commis un crime(1) envers un de ses concitoyens, et n'aura pas été jugé, sera à son retour dans sa patrie poursuivi sur la plainte de la partie (2), et sera jugé d'après les lois, en lui appliquant la peine la plus douce entre les deux législations.

Art. 33.

Pour toute action ou omission frappées d'une peine par les anciennes lois, qui ne le seront pas par le présent Code, les poursuites cesseront du jour de sa publication (3), d'après l'art. 2, sauf les droits des parties pour les dommages au civil.

Art. 34.

Les tribunaux, dans la rédaction de leurs jugemens, devront se tenir strictement aux dispo-

---

(1) Nous n'avons parlé que des crimes, car les délits correctionnels ne portent pas le même intérêt de la vindicte publique. Le Code romain, art. 71, a donné trop de latitude à cette disposition pénale.

(2) Il serait trop sévère de vouloir poursuivre d'office tous les crimes commis à l'étranger par des citoyens, et pour lesquels crimes la tranquillité intérieure de l'état n'a pas été troublée.

(3) La loi frappe au moment, et nous avons cru devoir suivre ici la loi romaine. (*Leg.* 7, *Cod. de Leg.* Voyez p. 70.)

Cet article, n. 379 de l'appendix du Code du Tésin, est mieux placé ici, car il fait partie des règles de la compétence.

sitions du présent Code (1); ils ne pourront établir aucunes peines autres que celles fixées, et
leurs pouvoirs discrétionnels sont limités aux
degrés respectifs de chaque peine, savoir :

§. I. La peine criminelle ne peut être subdivisée, ni être appliquée que par *semestre*.

§. II. La peine correctionnelle de premier degré sera subdivisée par jours, celle des autres
degrés le sera par mois.

Art. 35.

La durée des peines est calculée du jour de
l'acquiescement du condamné au jugement. (2)

---

(1) Les Romains, après la perte de leur liberté, furent
jugés par voie extraordinaire, et les peines furent discré-
tionnelles. (*Leg.* 3, *Cod. de Pœnis.*)

Tous les jurisconsultes et les politiques conseillent au
législateur de fixer les degrés des peines, et de ne rien
laisser au caprice des juges, car Tite-Live, au livre III,
chap. 3, dit : *Judices homines esse, a quibus sæpe impetrare
ubi jus, ubi injuriam opus sit, apud eos esse gratiæ locum,
esse beneficia, et irasci et ignoscere posse, inter amicum
et inimicum discrimen nosse.* **Contra vero legem, rem
surdam et inexorabilem esse, omni affectu vacuam, ad
nemicum respicere, non odio, non amore, non cupiditate,
non iracundia, non spe aut timore, aut alia perturbatione
mentis teneri.**

Sur ce principe, le Code autrichien, art. 26 et 27,
défend toute application de peine non établie par la loi,
et toute transaction, entre les parties, n'empêchera jamais
la vindicte publique d'agir.

(2) Les Codes autrichien, art. 23; du Tésin, art. 30; de

L'année est composée de douze mois accomplis. (1)

Le mois, de trente jours entiers.

La semaine, de sept jours.

Le jour, de vingt-quatre heures écoulées.

ART. 36.

Les peines de l'expulsion, de la rétractation, de la réprimande, de la surveillance (2) et de la

---

Parme, art. 41; de Naples, art. 52, ordonnent que la peine commencera du jour de la notification, ou du jour où le jugement sera devenu définitif.

Nous avons, en 1810, comme député au Corps Législatif, observé que la durée de la peine ne devait pas commencer du jour de l'exposition du condamné, comme à l'art. 23 du projet de Code pénal, mais bien du jour de l'acquiescement du même condamné, car autrement, le ministère public pourrait, à volonté, prolonger la détention. Malheureusement notre observation n'a pas prévalu. Elle fut admise à l'art. 22, loi du 28 avril 1832.

(1) Le calcul de l'année à 365 jours, fixé par le Code de Parme, à l'art. 40, n'est pas exact; comme aussi celui des Chinois, qui ont établi l'année à 360 jours, et son commencement à la première lune, après le solstice d'hiver. (Sect. 41, division 1re.)

Le Code pénal grégorien a fixé l'année à douze mois révolus.

(2) Nous désapprouvons cette surveillance perpétuelle, à l'article 47 du Code français; elle est trop sévère, et contre le principe établi que la peine abolit le crime.

Législateurs! voulez-vous adoucir le caractère des hommes, même après le crime; ne les avilissez pas, car soumission de bien vivre (*bene vivendi*) sont déclarées communes à tous les tribunaux criminels et correctionnels ; les juges pourront joindre (1) à la peine principale telle autre desdites peines, dans les cas déterminés par la loi.

ART. 37.

L'amende (2) est inhérente à toute condamnation pour crimes ; elle pourra être jointe aux punitions afflictives prononcées en correctionnel.

---

une fois abruti et séparé des autres citoyens, l'individu est capable de toute atrocité ; il devient un chien enragé.

(1) La loi romaine dit : *Pœnœ certœ sunt : multœ contra in judicis potestate.* (Leg. 244, *de Verb. signific.*) Nous voulons éviter l'arbitraire, en ne donnant aux juges la faculté de joindre lesdites peines que dans des cas déterminés.

(2) Les Anglais ont établi des amendes proportionnelles à la fortune des citoyens.

Nous observons qu'il faut cependant que l'amende soit en harmonie avec la peine principale, car il serait injuste de punir avec 5 jours de prison et 10 mille francs d'amende le même individu.

Nous désirons bien de voir adopter l'article 46 du Code de Toscane de 1786, où il est ordonné que toute amende sera déposée dans une caisse, afin d'indemniser les parties lésées qui n'ont pu l'être par le condamné insolvable, et pour secourir aussi les innocens qui par mégarde ont été emprisonnés et poursuivis.

Il est utile que tout jugement inflige une amende proportionnelle au délit, pour faire ainsi supporter les frais par les coupables, et diminuer ceux de l'état, qui retombent toujours sur les paisibles contribuables.

§. I. Elle sera déclarée en faveur du trésor d'après l'échelle de l'art. 19 précédent, eu égard à la gravité de l'action.

§. II. Elle sera recouvrée après le remboursement des frais de justice, après le paiement des dommages et des restitutions à la partie civile, lorsqu'ils auront été taxés.

TITRE III.

DES EFFETS DE LA CONDAMNATION. (1)

ART. 38.

Les peines de la mort et des fers perpétuels emporteront, du jour du jugement définitif (2), la mort civile du condamné.

Un curateur lui sera nommé (3) pour trans-

---

(1) Une contradiction manifeste se trouve entre l'art. 25 du Code civil, et l'art. 28 du Code pénal français; car le premier dit que la personne morte civilement ne peut plus exercer la tutelle; et le second, accorde la même au père condamné.

Le Code Napoléon, art. 33, et le Code de Parme, qui assignent à l'état les biens des condamnés à la mort civile, ne sont point en harmonie avec les droits des héritiers.

(2) Le Code autrichien, art. 23, fixe la mort civile du jour de la notification du jugement; le Code civil français, art. 26; et de Parme, art. 52, du jour de l'exécution; le Code grégorien, art. 57, ne détermine pas l'époque de la mort civile. Tous ces termes sont variables, et nous avons voulu ôter l'incertitude.

(3) Cette excellente disposition du Code Napoléon est

mettre à ses héritiers tous les droits et les successions qui se vérifieront en sa faveur dans l'intervalle à l'expiation de la peine.

ART. 39.

Les travaux forcés, la déportation, l'exil et la dégradation civique produiront la suspension de tous les droits politiques et civils du jour du jugement définitif : le condamné sera considéré comme interdit, et comme tel administré. (1)

ART. 40.

Les articles 38 et 39 précités sont communs et applicables aux condamnés par contumace après les cinq ans révolus du jour de la prononciation du jugement, ou après dix ans si le contumace

---

utile, car un condamné doit être considéré comme un être intermédiaire des droits qui se vérifient en sa faveur, pour les transmettre aux héritiers légitimes.

Le Code de Parme, art. 58, a sanctionné la confiscation en faveur de l'état, contre le précepte de l'Écriture-Sainte, où il est dit : *Filius non portabit iniquitatem patris sui.* (Ézéchiel, chap. xviii, 20.)

(1) Le Code de Parme, art. 49, a établi l'interdiction perpétuelle, pour les crimes même qui admettent la réhabilitation après la peine accomplie.

Il nous paraît que cette disposition, en partie conforme à l'article 28 du Code français, est trop dure ; elle porte au désespoir un homme capable de s'amender.

Nous avons admis la suspension des droits pendant la durée de la peine, et nous avons assimilé les contumaces aux condamnés détenus.

se trouvait à ladite époque dans une autre partie de l'hémisphère ; pendant cet intervalle, leurs biens seront administrés comme ceux des absens.

ART. 41.

Tout contumace qui se présentera volontairement (1) pendant le terme désigné rentrera dans ses droits, et le jugement précédent sera considéré comme non avenu.

ART. 42.

Dans les cas soit de mort, soit d'arrestation d'un condamné contumace pendant les cinq ans, soit après ce terme, les effets de la mort civile précédemment encourue ne pourront plus obtenir de rétroactivité (2) ; le seul jugement définitif décidera du sort du prévenu.

ART. 43.

Toute condamnation emportera de droit, et elle déclarera :

1°. La perte du corps de délit, des choses immédiatement produites (3) ou des instrumens

---

(1) L'homme qui se présente volontairement pour être jugé, mérite des égards, et cette disposition facilitera l'obéissance à la loi, en diminuant les contumaces, toujours dangereux dans un pays.

(2) *Contra contumaces omnia jura clamant.* Si le prévenu se croyait innocent il devait se présenter au juge ; sa désobéissance aux mandats d'arrêt doit être punie.

(3) Le Code français, article 11, a considéré ces pertes

destinés à commettre l'action, lorsque ces effets appartiendront aux condamnés et complices.

2°. La restitution par privilége des effets à la partie lésée, lorsqu'il sera possible, ou bien leur estimation légalement constatée avec privilége et priorité.

3°. La fixation des dommages (1), lorsque la partie civile en aura fait la demande, dans son premier acte ; le tout sans préjudice des droits du fisc.

Art. 44.

Tous les condamnés frappés d'infamie par le

---

comme une peine, tandis qu'elles ne sont que des conséquences. Le Code napolitain, article 44, l'adopta comme une disposition ; et le Code de Parme, comme une suite de la peine, ordonnant de plus, lors même que le condamné sera acquitté, que les effets dont la rétention ou l'usage est défendu seront confisqués ; mais cette disposition est inutile, car alors la perte des effets prohibés est voulue par la loi, et le jugement en doit prescrire l'application.

(1) Le Code d'Instruction criminelle, article 121, accorde la priorité aux frais de justice ; ce qui parait conforme à la loi civile.

Le Code du Tésin, article 41, donne la préférence aux dommages ; ce qui ne paraît pas régulier, car l'état doit, avant tout, être remboursé des dépenses faites afin de servir la vindicte publique et assurer l'ordre et la tranquillité.

Nous avons observé que, très souvent, les dommages sont sollicités, sont réclamés par des misérables, qui cherchent à tirer profit de leurs plaintes, et les juges doivent être très circonspects à cet égard.

jugement criminel dont il est parlé en l'article 6 du présent code, depuis la troisième jusqu'à la sixième classe, seront en plein jour (1) conduits par les principales rues de la ville où l'arrêt définitif aura été prononcé, avec un écriteau portant leurs nom, prénoms, patrie, qualités, la désignation du crime et de la peine infligée.

ART. 45.

Toute obligation passée, toute aliénation opérée par un prévenu ou par ses complices après le crime commis (2), sont déclarées nulles et frauduleuses.

---

(1) Nous n'avons pas cru devoir considérer cet exemplairité comme une peine, mais comme une justification de la sentence, une satisfaction due au public.

Le carcan, adopté par le Code français, par les Codes autrichien et de Parme, de Naples, ne produit pas la terreur et l'exemple qu'on s'est proposé; car souvent des criminels effrontés donnent de l'amusement aux spectateurs oisifs, et personne ne se soucie de quitter son commerce, son atelier, pour courir sur la place où les expositions se pratiquent. (*Voyez* la note à l'art. 12.)

(2) En désapprouvant l'article 58 du Code de Parme, qui déclare appartenir à l'état les biens acquis par le condamné, nous avons cru par cette disposition devoir garantir le paiement des frais de justice, des amendes et des restitutions.

Le même code, à l'article 61, déclare comme un effet de la condamnation, la solidarité des complices pour les frais, amendes, etc. Nous croyons que cet article appartient à la responsabilité civile.

TITRE IV.

DE LA TENTATIVE DE CRIME, DE DÉLIT OU DE CONTRA-VENTION.

ART. 46.

La tentative est une action volontaire et ex-térieure (1) qui tend à l'exécution d'un crime, d'un délit ou d'une contravention déterminée, laquelle n'a pas eu de réussite.

Cette action est *éloignée*, ou *proche* ou *très proche* (2). Elle sera punie d'après ces trois degrés de culpabilité dans tous le cas où la loi punit la tentative (3); mais la peine sera tou-

---

(1) Les Codes autrichien, article 7 ; de Parme, acticle 77 ; de France, article 2, n'ont pas donné la définition de la ten-tative.

Le Code Napolitain, article 69, la dit être un acte volon-taire, et à l'article 124, ajoute que l'attentat existe du moment que l'acte prochain à l'exécution a été commis ou entrepris.

Le Code chinois dit, à la sect. 269, que toute personne qui sera prise essayant de voler, sera punie de cinquante coups de bambou.

(2) Cette distinction de trois degrés à été puisée au traité de Barbacovi *de mensura pœnarum*. Le Code romain a retenu l'action proche, comme punissable sans distinction.

(3) Les Codes autrichien, articles 7 et 121; de Naples, article 69; de Parme, article 77, ont copié l'article 2 du Code français, lequel exige un commencement d'exécution, ce qui constituerait déjà un crime et non une simple ten-tative (*Voyez* article 12, loi du 28 avril 1832).

jours moindre d'un degré de celle assignée au crime consommé. (1)

ART. 47.

La tentative d'un *délit* ou d'une *contravention* ne sera punissable que dans le seul cas (2) où l'action aura été portée au degré très proche, et qu'elle n'aura été empêchée que par des circonstances extrinsèques, indépendantes de la volonté du coupable.

La peine sera toujours la plus douce entre celles établies pour punir le délit ou la contravention émise.

---

(1) Nous sommes forcé de blâmer ici l'article 2 du Code français, et l'article 12 de la loi du 28 avril 1832, parce qu'on punit de la même peine l'attentat d'assassinat, la tentative de vol, manifestée par un commencement d'exécution, comme le crime même perfectionné dont ils dérivent, que les jurés déclarent souvent qu'il ne conste des trois circonstances voulues dans la tentative. (*Voyez* la déclaration du 10 avril 1827, au procès contre le prévenu Delorme, etc.)

(2) Le Code français, article 3, ne considère la tentative du délit correctionnel, que dans les cas d'une expresse disposition pénale.

Cette indulgence est contraire aux principes d'une bonne législation, laquelle doit prévenir les délits pour ne pas avoir à punir les crimes; en effet les codes postérieurement publiés ont pourvu à ce défaut des législateurs français. (*Voyez* le Code romain du pape Grégoire XVI, article 10.)

ART. 48.

Nulle tentative n'existe :

1°. Lorsque l'action est d'une exécution chimé-
rique, soit en elle-même, soit par les moyens.

2°. Lorsque les signes extérieurs démontrent
l'intention (1) coupable, mais qu'ils ne constituent
point l'échelle progressive d'actions pour la matérielle exécution du crime.

TITRE V.

DES AUTEURS, DES COMPLICES ET DES ADHÉRENS.

ART. 49.

Les auteurs (2) sont ceux qui proposent, qui

---

(1) Le Code autrichien, article 8, dit que personne ne
peut être puni de la pensée ou de la préméditation intérieure, si une mauvaise action extérieure ne l'accompagne.

Le Code napolitain, article 78, a porté sous le titre de
la tentative, le repentir du coupable au moment de l'action; mais cet article appartient plutôt au titre VII de ce
code.

Le Code de Parme, article 81, trop sévère, punit le
mandant d'un crime de la peine de la tentative, quoique le
mandataire ait suspendu son action par le repentir.

Le Code chinois punit de cinquante coups de bambou
toute tentative de vol, comme aussi les auteurs d'un simple
projet de vol, sect. 269 et 279. Le Code romain n'ayant
pas défini les auteurs et les complices, laisse des ambiguités
à l'article 13, titre III.

(2) Le Code français, article 59, parle des complices

mandent, qui conseillent, qui ordonnent, qui
séduisent, qui dirigent, ou qui ont pris une part
principale à l'exécution d'un crime, délit, ou
contravention.

ART. 50.

Les complices (1) sont ceux qui concourent
sciemment, en quelque manière que ce soit, à
l'exécution de l'action malfaisante, ceux qui, ayant
la connaissance d'un complot et les moyens d'en
empêcher l'action, ne s'y sont pas opposés (2),

---

sans définir les auteurs, ensuite les dispositions pénales ne
sont pas proportionnellement distribuées, comme nous le
dirons plus bas.

L'article 5 du Code autrichien parle des complices; et le
Code de Parme, article 83, établit une série de complicités
très inutilement, car plus la loi pénale est dans des termes
propres et précis, plus elle est facile à exécuter, et il n'est
pas convenable de passer à des exemples pour déterminer
la nature et la qualité d'un crime.

Le Code de la Louisiane considère comme le principal
auteur, celui qui commet l'acte défendu, ou qui arrête
l'acte proscrit par la loi.

(1) Le Code de Naples, article 74, a le mieux défini les
complices et mieux gradué les peines.

Le Code parmesan, article 86, parle du mandataire qui
a excédé son mandat, et il diminue la peine du mandant,
lorsque l'excès ne pouvait pas être prévu; cette distinction
n'est pas, suivant nous, admissible, car le mandant est responsable de tout événement.

(2) Nous avons une ancienne maxime, savoir, *qui non
velat peccare cum possit. . jubet;* et Cicéron nous apprend

8

ceux qui, par un accord précédent, ont contribué à faciliter ou à en assurer les résultats, les produits, la vente des effets, comme aussi à établir les moyens de l'impunité.

ART. 51.

Les adhérens sont ceux qui, instruits d'un crime ou délit commis, cachent le délinquant, ou bien lui prêtent tout autre secours pour détourner l'arrestation, le jugement ou l'exécution; les parens en ligne directe, les frères et les serviteurs exceptés.

L'influence plus ou moins directe des actions tant à l'égard des auteurs que des complices, déterminera le degré différent de la peine. (1)

---

qu'il y a deux sortes d'injustice, l'une commise par le criminel, l'autre par ceux qui, le pouvant, n'empêchent pas le crime. (*De Officiis*, lib. 1, chap. VII.)

Le Code de Charles V, article 177, parle de l'assistance proche et de l'éloignée au crime.

Le Code autrichien, article 5, parle de ceux qui ont pris part aux produits, aux bénéfices du crime; mais nous croyons aussi que même dans le cas d'aide gratuite à un crime, ce complice doit être puni.

(1) Le Code chinois, aux sections 9, 30 et 269, dit que quand un crime aura été commis par plusieurs, celui qui l'aura proposé sera puni comme le principal moteur. Les complices accessoires subiront un degré de peine de moins, savoir, dans le cas de crime capital, ceux qui y auront participé seront condamnés au bannissement perpétuel, excepté les cas de délit de corruption, de trahison ou

Les auteurs seront toujours punis d'un degré de plus que les complices, et ceux-ci plus que les adhérens, sauf les cas d'exception désignés par la loi même.

ART. 52.

Les circonstances personnelles (1) qui augmentent ou diminuent, ou qui exemptent de la peine en faveur d'un des auteurs ou complices, ne peuvent regarder les autres prévenus.

ART. 53.

Celui qui, sans intelligence préalable, participe sciemment des gains obtenus, ou qui aura recelé ou aidé le coupable, sera puni avec la peine moindre d'un degré à celle assignée aux complices.

---

de révolte, dans lesquels cas les prévenus sont tous considérés comme auteurs, et ayant une part égale au crime.

(1) Les Codes de Parme, article 87, et de Naples, article 76, ont prévu ce cas. En effet, tandis qu'il n'existe pas d'action pénale pour les soustractions faites entre époux, l'action subsiste contre les complices. (*Voyez* l'article 14 du Code romain, 1832.)

Nous devons ici remarquer un grand défaut du Code pénal français, aux articles 59, 60 et 61, où il punit les complices de la même peine assignée aux auteurs. Il y a des circonstances favorables ou défavorables à l'auteur, qui sont inapplicables aux complices; il y a encore dans l'auteur plus de malice, plus de volonté à commettre l'infraction que la loi punit.

Le Code chinois, qui, à la section 278, punit les receleurs du voleur de la même peine, modifie la peine à l'égard des acheteurs d'effets volés.

TITRE VI.

DE LA RÉITÉRATION (1) DES CRIMES, DES DÉLITS, DES CONTRAVENTIONS.

ART. 54.

Se rendre coupable de plus d'un crime, d'un délit, ou d'une contravention avant toute poursuite, ou tout jugement définitif, ou bien après l'amnistie abolitive de la procédure, constitue la *réitération*. (2)

---

(1) Le Code du Tésin a donné un titre vague à la réitération, mais le Code de Naples a sagement établi le titre *de la Réitération*, que nous croyons devoir précéder celui *de la Récidive.*

Le Code autrichien, article 28, a statué qu'en cas de réitération, le coupable sera puni avec la peine la plus grave, eu égard aux autres crimes par lui commis.

Le Code de Parme, article 46, défend l'accumulation des peines; il assigne toujours la plus grave, eu égard aux autres crimes, ce qui donne motif aux voleurs à ne pas s'arrêter et commettre des atrocités de même nature, car ils calculent sur le *maximum* de la peine qui leur sera infligée en cas d'arrestation et de jugement.

Le Code chinois, dans l'appendice n° 28, dit que lorsque les complices d'un vol à force ouverte, si c'est leur premier crime, se rendront par-devant le magistrat et préviendront l'accusation, seront pardonnés; si les mêmes complices se rendent devant le juge après avoir commis le même crime plus d'une fois, ils seront bannis.

(2) Le Code napolitain a sagement établi, à l'article 89,

ART. 55.

Tout coupable de *réitération* sera puni d'après les règles suivantes :

§. I. La peine de mort absorbera toute autre punition ; mais si le condamné a mérité cette peine *par réitération*, il subira l'exemplaireté, ainsi qu'il est dit au §. II, art. 7, du présent Code.

§. II. Les fers perpétuels absorberont toute autre peine temporaire ; mais dans le cas de réitération de crime portant la même peine, le coupable subira la mort. (1)

§. III. Les peines temporaires de toute espèce réitérativement encourues par le prévenu seront infligées au *maximum* (2) de la peine assignée au crime le plus grave.

---

que lorsque l'amnistie aura aboli la procédure, le crime sera considéré comme non poursuivi, et qu'il doit l'être de nouveau en cas de réitération.

(1) Le Code de Naples, article 86, se refuse à punir de mort le coupable de réitération. Nous avons suivi l'art. 93 du Code de Parme, qui punit de mort le détenu déjà condamné aux fers perpétuels qui vient de commettre un crime de la même classe.

Nous avons, d'après une longue expérience, considéré cet homme comme incorrigible, et avons cherché à contenir les malfaiteurs par cet unique moyen.

Le Code romain, tit. IV, parle du concours de plusieurs crimes et de la récidive d'après le Code napolitain ; nous avons cru devoir séparer la *réitération* du cas de la récidive.

(2) Le Code de Charles V, article 162, inflige la peine

§. IV. Les peines correctionnelles et les contraventionnelles (1) encourues par réitération seront
accumulées et simultanément infligées au coupable, en se bornant au *maximum* du degré de
chaque peine. (2)

ART. 56.

Si après le jugement de condamnation on parvient à découvrir une action punissable, précédemment commise (3), alors le condamné sera

---

de mort au coupable de trois vols distincts. Les Constit.
sardes de 1770, basées sur les lois carolines, ont suivi la
même rigueur, qui vient d'être modifiée par des lettres-pa-
tentes du 19 mai 1831, données par le roi Charles-Albert
de Savoie.

Le Code romain, aux articles 19 et 20, a cumulé les
peines jusqu'à vingt-cinq ans de galères pour les cas de réitération.

(1) « La justice doit être prompte et sévère, si on veut
« que la poursuite et le châtiment soient efficaces. » (*Voyez*
le rapport du ministre de la justice au roi Charles X, du
11 février 1827.) Nous ajouterons que, par expérience,
nous avons reconnu une diminution considérable de crimes
dans le département du Tanaro, ayant déployé activité et
sévérité dans la punition des délits et des contraventions.
Principiis obsta, sero medicina paratur; maxime infaillible
pour tout gouvernement.

(2) Le Code napolitain, article 88, détermine qu'on ne
pourra pas excéder le double de la peine méritée par le
premier délit; il s'ensuivra un très grand inconvénient,
qu'un tribunal correctionnel condamnera jusqu'à huit ans
de prison.

(3) Nous avons extrait cet article du Code de Parme,

derechef poursuivi, et jugé d'après les règles sus-énoncées.

Dans le cas d'application d'une peine plus forte, les effets du premier jugement cesseront de plein droit.

TITRE VII.

DE LA RÉCIDIVE.

ART. 57.

Commettre un nouveau crime, un délit, une contravention par infraction de *toute loi* préexistante, et après le jugement définitif de condamnation à une peine, cette action constitue la récidive. (1)

———————————————————————

article 47, et il est bien juste que la vindicte publique tombe sur toutes les actions criminelles et les infractions commises.

(1) Le Code français, articles 56 à 58, 474, 478 et 483, parle de la récidive; il fait une très longue énumération de cas de récidivité. Nous croyons que la loi doit éviter le plus possible ces détails; elle doit être concise, et comprendre tous les cas par des définitions ou bien par un article général.

Nous avons ajouté les mots *toute loi*, pour embrasser ainsi les lois pénales, soit ordinaires, soit extraordinaires et de circonstance.

Le Code napolitain, articles 78 et 84; le Code de Parme, article 89, parlent de la récidive; mais, dans ce titre très difficile à saisir, on n'a pas compris le cas des contumaces

Art. 58.

Quiconque, pendant ou après l'expiation d'une peine, pendant sa contumace, ou après sa grâce obtenue ou sa réhabilitation, se rendra coupable de récidive, sera puni d'après les règles suivantes.

§. Ier. Le condamné aux fers perpétuels, soit détenu (1), soit contumace, s'il vient à commettre un nouveau crime portant la même peine, ou bien une plus forte, sera puni de mort avec exemplaireté, d'après l'art. 7, §. II du code. S'il commet un nouveau crime ou délit punissable de peines

---

jugés, que nous considérons également coupables, comme les détenus condamnés.

Le Code précité de Naples, à l'article 91, aurait sagement établi qu'il n'y a pas de récidive lorsqu'un crime, un délit, étant rayés du Code pénal, le coupable a été renvoyé de l'accusation.

Le Code romain, articles 21 et 33, établit la récidive dans le seul cas de nouveau crime commis pendant ou après l'expiation de la peine. Nous croyons que le contumace condamné par jugement est aussi dans le cas de la récidive.

(1) Le Code chinois punit de mort celui qui, étant condamné au bannissement perpétuel en Tartarie, parvient à s'évader. (*Voyez* appendice, n° 28.)

Le Code romain, au titre vii, parle des condamnés aux fers à perpétuité qui, s'étant évadés, commettent de nouveaux crimes emportant la même punition, et il ordonne qu'ils seront condamnés à la même peine; cette disposition trop philanthropique portera les évadés à de nouveaux brigandages.

temporaires, il sera réduit à la nourriture au pain et à l'eau ; il sera de plus chargé d'une chaîne au cou pendant la durée de la seconde peine , déterminée par la loi.

§. II. Les condamnés à toutes les autres peines criminelles, qui se rendront coupables en récidive de nouveaux crimes ou délits , seront punis par le degré de la peine immédiatement supérieur à celle assignée par la loi au crime nouveau.

S'il s'agit cependant d'un coupable déjà détenu ou contumace (1) , il devra subir les deux peines, en commençant toujours par la plus grave.

§. III. Les repris de justice qui , après avoir satisfait aux peines soit correctionnelles , soit contraventionnelles , se rendront dans l'année coupables de récidive, seront punis du *maximum* de la peine (2) assignée au délit, à la contravention , nouvellement commis. S'il s'agit de

---

(1) Il fallait mettre une distinction entre la culpabilité de *réitération* et celle de *récidivité*, car il y a bien plus de gravité à l'égard d'un détenu ou contumace déjà condamné , qui ose commettre de nouveaux crimes ou délits.

(2) Nous n'avons pas cru prudent d'accorder aux juges inférieurs la faculté d'élever les peines jusqu'au double, comme à l'article 57 du Code français ; ce serait donner trop de pouvoir, trop de latitude aux tribunaux correctionnels et de simple police, qui sont des tribunaux plus paternels que de vindicte publique. Nous avons éloigné aussi cette surveillance spéciale de l'article 58 , qui est souvent illusoire et trop longue.

détenus ou de contumaces, ils subiront les deux peines l'une après l'autre, comme au §. précédent.

Art. 59.

Le coupable récidif de la récidive (1), après un second jugement définitif, s'il vient à commettre un troisième crime portant peine temporaire, sera condamné aux fers perpétuels.

Si le récidif de la récidive commet un délit, il sera jugé en criminel et condamné aux travaux forcés temporaires en deuxième degré.

Si le récidif est coupable d'une troisième contravention, il sera jugé correctionnellement, et il subira la prison rigoureuse au troisième degré.

---

(1) Ce cas est très rare; cependant il peut très bien se présenter à poursuivre, et il est utile de le prévoir. Nous avons déployé de la rigueur pour le cas d'une seconde récidive, afin d'éloigner ainsi les méchans du plaisir de commettre des délits, et pour arrêter cette passion malfaisante. Nous le répétons au ministère public et aux officiers de police judiciaire : soyez prompts et sévères dans les poursuites des petits délits, et vous vous épargnerez le dégoût de poursuivre des criminels; vous établirez la tranquillité publique, prix inestimable de la société civile.

Le Code de la Louisiane considère sagement comme inhabile à l'état social, celui qui, après deux précédentes condamnations pour crimes, de quelque nature qu'ils soient, sera convaincu d'un troisième crime, et il le condamne aux travaux forcés perpétuels ou à la *séclusion*, qui est le dernier degré de peine, car celle de la mort est abolie dans le projet de ce Code.

Les détenus et les contumaces récidifs de la récidive subiront toujours les peines non encore souffertes, en commençant par les plus graves.

TITRE VIII. (1)

DES CIRCONSTANCES AGGRAVANT OU ATTÉNUANT LE CRIME, LE DÉLIT OU LA CONTRAVENTION (2); DE L'INFLUENCE DE L'AGE, DU SEXE, ET DES DEGRÉS DE CULPABILITÉ.

ART. 60.

L'action incriminée est en général plus grave, 1°. en raison de la réflexion plus mûre qui fut employée; 2°. des préparatifs qui ont été délibérés; 3°. de la cruauté mise dans l'exécution et des dommages causés ou qui en pouvaient résulter; 4°. de la difficulté à se garantir de la mauvaise action; 5°. de l'abus d'autorité, de la

(1) Ce titre, nous l'avons extrait des Codes autrichien, article 36, et du Tésin, article 67, qui sont conformes.

Nous croyons que les dispositions du Code français, article 65, devaient être mises dans un jour plus clair, afin de déterminer les circonstances avec plus de précision, et ne pas laisser aux jurés la latitude des articles 5 et 9 de la loi du 28 avril, comme nous dirons plus bas.

(2) Plusieurs législateurs ont attribué à chaque action en particulier la circonstance aggravante; nous avons cru devoir suivre le sage rédacteur du Code du Tésin, et d'en former un titre spécial, pour ainsi tracer aux juges la règle à suivre dans leur conscience, lorsqu'il s'agit de l'application du terme de la peine.

confiance, de la domesticité ; 6°. en raison aussi des devoirs (1) ou des droits violés par le coupable ; 7°. enfin de l'exécution, dans la nuit, dans les cas d'incendie, de naufrage, ou autre malheur public.

ART. 61.

Les circonstances spécialement aggravantes sont les suivantes :

1°. Avoir commis l'action punissable depuis l'âge de la majorité légale jusqu'à celui de trente ans accomplis. (2)

---

(1) Le Code de la Louisiane punit plus sévèrement les hommes de loi qui commettent un crime, un délit, une contravention, que les autres, et avec raison.

Le Code romain, article 24, titre v, a mis parmi les circonstances aggravantes les causes impulsives au crime, non délibérées par une force majeure irrésistible (*Voyez* l'article 3 du présent code).

(2) Une longue expérience nous a fait connaître que les rixes, les blessures, les homicides même, les vols, les pamphlets et les libelles diffamatoires comme aussi les autres délits de la presse, sont ordinairement commis par des jeunes gens qui, dans la vigueur de l'âge, ne consultent que leur force physique, l'effervescence de leur esprit et la prompte exécution de leurs délibérations. Les tableaux statistiques publiés en France nous confirment dans notre opinion ; elle demande la prévoyance du législateur et toute sa fermeté. Le Code romain, à l'article 15, dit que les circonstances aggravantes d'un délit sont imputées même aux complices, qui les connaissaient avant l'action, ce qui est trop vague.

2°. Avoir été l'auteur, l'instigateur, ou l'agent principal de l'action incriminée et commise par trois personnes ou plus.

3°. Avoir été le séducteur des complices pour les porter à l'infraction de la loi.

4°. Être dans les cas de la réitération dont il est parlé au titre VI.

5°. Être dans la circonstance de la récidive dont il est question au titre VII.

ART. 62.

Les circonstances atténuantes par rapport à la personne du coupable, sont :

1°. Si le prévenu dépasse l'âge de sept ans (1) accomplis, et s'il n'excède pas vingt-un ans (2), ou s'il se trouve dans l'état de semi-imbécil-

---

(1) Dans la note à l'article 3, nous avons déjà parlé de la malice des enfans; pour prouver maintenant qu'il faut corriger cette malice prématurée dans l'âge le plus tendre, nous venons d'extraire un fait du journal de Paris, 1er avril 1826 : *ibi.* « Depuis quelque temps une bande de « petits malfaiteurs s'est organisée sur la place de Grève; « elle se compose d'enfans de neuf, dix et douze ans. Ils « débutèrent en prenant des pruneaux, des morceaux de « sucre, de la pâtisserie; puis ils ont entrepris un vol de « montres avec effraction au Palais-Royal. Le chef de la « bande, de douze ans au plus, se faisait surnommer Car- « touche, titre d'un fameux brigand, et il connaissait par- « faitement le vocabulaire de son métier. » Le Code romain punit un enfant de 10 à 15 ans, jusqu'à trois ans de prison.

(2) Les Israélites avaient la grande majorité à l'âge de vingt ans;

lité (1) ou d'ignorance matérielle et crasse approchant de l'imbécillité.

2°. Si avant l'action punissable il avait tenu une conduite irréprochable.

3°. Si l'action a été commise par instigation, par crainte (2) grave, ou par obéissance supérieure.

4°. S'il s'est laissé transporter à l'action par une violente commotion d'esprit (3) propre de l'irritation humaine.

Les Romains, à vingt-cinq; les Français, à vingt-un, et ont fixé à seize ans le plein discernement.

Les Autrichiens, à vingt ans la majorité civile, et l'âge du discernement à quatorze.

Le Code du Tésin, à vingt ans, et la loi du Piémont, aussi à vingt ans, pour donner lieu à la peine de mort.

Nous avons cru plus conforme au développement de la nature, de fixer à sept ans accomplis le terme de l'enfance, à quatorze ans le terme de la pupillarité, à vingt-un ans le terme de la minorité; car il serait absurde d'établir qu'un individu à l'âge de seize ans doive être puni comme majeur, tandis qu'il ne peut contracter d'obligation civile avant les vingt-un ans accomplis.

(1) A l'article 3, §. 4, on a parlé de l'imbécillité absolue; il ne fallait pas omettre la circonstance de la semi-imbécillité et de la crasse ignorance, comme celle des crétins et des autres êtres malheureux.

(2) Il est difficile de trouver l'homme tel que le poète Horace le désire, *quem non civium ardor prava jubentium, non vultus instantis tyranni mente quatit solida;* en conséquence il appartient aux juges d'apprécier les circonstances.

(3) *Nihil est similius insaniæ quam ira, calor, namque*

5°. Si l'individu a été porté à l'action plutôt par l'occasion donnée ensuite de la négligence d'autrui, que par une délibération précédemment prise.

6°. Lorsque le coupable ignorait les qualités personnelles (1) de l'offensé, ou les faits qui donnent à l'action une nature aggravante.

7°. Lorsqu'une pauvreté pressante et urgente (2) aura forcé l'individu à l'action incriminée.

8°. Lorsque le coupable aura de suite cherché à réparer (3) les dommages ou à en empêcher les conséquences préjudiciables.

9°. Lorsque le prévenu se sera lui-même pré-

---

vox, oculi, spiritus impotentia dictorum atque factorum, nullam partem sanitatis habent. (Cicéro, *Tuscul.* vi.)

(1) Nous avons admis cette circonstance omise dans les codes autrichien et du Tésin, et nous pensons que lorsqu'un fonctionnaire public néglige de porter ses honorables distinctions, il ne peut pas exiger le respect qui lui est dû par ses qualités.

(2) Le Code de Charles V, article 166, met hors d'accusation le voleur de comestibles pour arracher sa famille à la mort.

Les criminalistes se sont disputés sur cette question, et le docte Barbacovi est avec nous d'avis que le vol existe, et qu'il faut s'assurer des circonstances atténuantes avant de mitiger la peine.

Blackstone croit qu'on ne doit jamais faire cas de cette excuse, et Cicéron dit : *Suum cuique incommodum ferendum est, potiusquam de alterius commodis detrahendum* (*de Officiis*, iii, cap. 5).

(1) Cette prévention démontre qu'il existe un repentir

senté (1) et qu'il aura avoué le fait dans toutes
ses circonstances, tandis qu'il pouvait se tenir
caché, ou bien se dérober par la fuite.

10°. Lorsque l'incriminé aura déclaré et dé-
voilé ses complices inconnus à la justice, ou qu'il
aura procuré des moyens sûrs pour les arrêter.

11°. Lorsque le coupable aura déjà supporté
une longue détention en conséquence de l'instruction (2) du procès qui se sera prolongée,
sans qu'il y ait eu faute de sa part.

ART. 63.

Les circonstances atténuantes à l'égard de l'action (3) en elle-même sont :

---

qui mérite d'être apprécié par les juges. Le Code romain a
sagement adopté cette distinction, art. 11, édit. 1832.

(1) Le Code chinois, division 1, sect. xi, dit que dans le
cas où un coupable se livrerait lui-même à la justice, ayant
entendu qu'on formait une accusation contre lui, il aurait
droit d'obtenir deux degrés d'adoucissement à la peine
méritée.

Le même Code, à la section 267, appendice, a établi
deux degrés d'adoucissement de peine pour les chefs ou les
complices qui auront rendu des services à la justice.

(2) Il nous paraît que la justice et l'équité exigent que,
dans l'application de la peine entre le *minimum* et le *maximum* de chaque degré fixé par la loi, on ait égard au temps
qu'un malheureux prévenu a dû passer en prison, et qu'on
devrait dénoncer au chef suprême de la justice les juges
instructeurs négligens dans l'accomplissement des procédures.

(3) Le Code autrichien, article 40, après avoir proposé

1°. Toutes les fois que le coupable se sera arrêté dans la tentative, eu égard à son éloignement plus ou moins prononcé de l'exécution.

2°. Toutes les fois que dans l'action le coupable s'est abstenu volontairement des plus grands dommages qu'il aurait pu causer.

3°. Toutes les fois que le préjudice causé par l'action sera modique, et que la partie lésée ou ses ayans-cause auront obtenu (1) dédommagement.

ART. 64.

Aux circonstances aggravantes (2) on aura seu-

---

les circonstances atténuantes à l'égard de la personne, propose aussi celles à l'égard de l'action. Mais le Code d'Instruction criminelle français, article 338, sans définir les circonstances aggravantes, ordonne au président de les proposer au jury lorsqu'elles résultent des débats. Pourquoi donc le législateur français n'a-t-il pas aussi établi de proposer les circonstances atténuantes avec précision, sans laisser à l'art. 341 du Code d'Instr., un arbitraire au jury pour modifier les peines d'après l'article 463 du Code pénal?

(1) Nous blâmons ici la loi anglaise, qui est tant exaltée par M. Cottu, parce qu'elle permet aux parties de transiger sur des crimes : nous blâmons aussi l'abus qu'on fait dans d'autres pays de l'acte de paix obtenu par le coupable de sa partie adverse, pour ainsi supprimer les procédures criminelles et frauder la vindicte publique, ou bien obtenir une grâce non méritée et achetée à prix d'argent.

(2) Le Code autrichien, à l'article 41, a formé un chapitre particulier pour indiquer les cas de l'application de cette théorie, mais nous avons cru devoir ne pas les diviser.

9

lement égard si de l'autre part on ne reconnaît pas de circonstances atténuantes, et ainsi par contre : les unes et les autres seront consignées dans le jugement, et la peine sera sagement appliquée dans le cercle des latitudes suivantes. (1)

1°. Les circonstances aggravantes ne pourront changer la qualité de la peine déterminée par la loi, ni prolonger sa durée au-delà du temps fixé, sauf les cas de *réitération* ou de *récidive*.

2°. Les circonstances atténuantes permettront aux juges de commuer la peine capitale en celle des fers perpétuels; les fers, dans le *maximum* des travaux forcés; le *minimum* des travaux, dans le *maximum* de la prison. (2)

3°. Les mêmes circonstances permettront aussi

---

(1) Le Code pénal français, article 65, parle trop vaguement de la diminution de la peine. La loi du 28 avril 1832 n'a pas corrigé ce défaut, mais, par les articles précités, a laissé au jury le moyen de sauver de la mort un monstre.

(2) La loi du 28 avril 1832, art. 94, donne une liste de modifications pénales qu'on aurait pu épargner, et dont on pouvait rendre la rédaction plus précise; tandis que l'art. 5 a laissé au jury la faculté de sauver les criminels de la peine de mort, moyennant la simple déclaration « qu'il y a des cir- « constances atténuantes en faveur de tel accusé, même dans « le cas de récidive. » Par cette déclaration affirmative et vague, une fille qui avait empoisonné son père fut sauvée de la mort, et la cour suprême a des exemples très fréquens de l'abus qu'on fait de ce moyen. Nous avons prévu un tel inconvénient en traçant ici les circonstances atténuantes.

de commuer le *minimum* de la déportation, ou du bannissement dans le *maximum* de l'expulsion; enfin, le *minimum* de la dégradation et de l'interdiction dans le *maximum* de la suspension temporaire.

Art. 65.

Dans les cas de délit ou de contravention, les circonstances atténuantes (1) ne pourront changer la qualité de la peine, mais seulement en diminuer la durée, entre les délais fixés par le code.

Art. 66.

A l'égard de l'influence de l'âge, lorsque le prévenu du crime est âgé de sept ans révolus, et mineur de quatorze ans accomplis (2), on

---

(1) Nous n'avons pas parlé des circonstances aggravantes, parce qu'elles peuvent changer la peine et la rendre du ressort d'un tribunal supérieur, comme on a statué à l'article 28 du présent Code.

Les Codes autrichien, article 49, et du Tésin, article 75, ont voulu diminuer le temps de la prison lorsque les circonstances font espérer l'amendement du prévenu, ou lorsque l'indigente famille a besoin des bras du condamné.

Nous avons pensé que les peines doivent être immuables, et qu'on doit éviter toute considération qui porte à l'arbitraire.

(2) Nous ignorons le motif pour lequel le Code d'Instruction français, article 340, confirmé par la loi du 28 avril 1832, fixe à seize ans l'âge du discernement, tandis que la minorité, d'après le droit romain, est à quatorze ans.

Le Code autrichien, article 2, n'admet le discernement

débattra avant toute la question de fait.... *Si l'accusé a agi avec ou sans discernement, ou par instigation supérieure.*

§. Ier S'il est décidé que l'enfant a agi sans discernement, il sera acquitté, et, par le même jugement, sera consigné aux parens, au tuteur, s'ils ont des moyens de le garder ; autrement, comme les orphelins, il sera remis à l'administration de bienfaisance pour être soumis à une surveillance rigoureuse jusqu'à sa majorité. (1)

§. II. S'il est décidé que le prévenu *ait agi avec discernement*, il sera puni, savoir :

1°. Si l'enfant a encouru une des peines cri-

---

qu'à quatorze ans accomplis ; cependant la malice est aujourd'hui bien précoce, même en Allemagne.

Le Code chinois dit que le coupable mineur de sept ans, et majeur de quatre-vingts, ne subira point de peine, le cas de trahison excepté.

Le Code de la Louisiane suppose la malice de l'enfant à neuf ans accomplis. (*Voyez* l'article 3 du présent Code.)

(1) Le Code napolitain, article 64, a sagement établi qu'on pourra garder en surveillance de tels enfans jusqu'à la majorité. Nous croyons cette mesure très utile, ayant observé que les enfans abandonnés étaient souvent punis de récidive, à défaut de maison d'éducation pour les entretenir.

Le Code de Parme, article 64, ordonne que l'orphelin soit consigné dans la maison de correction, où il deviendra sûrement plus méchant, comme l'expérience nous l'atteste.

minelles de première ou seconde classe, il subira la prison de quatrième degré (1), comme à l'art. 14.

2°. Si l'enfant a mérité les travaux forcés, il sera condamné à la prison depuis le second jusqu'au troisième degré proportionnellement.

3°. S'il a mérité une punition correctionnelle (2), il sera puni par la prison de premier degré.

4°. Dans tous les cas, après la peine terminée, le condamné pourra être, jusqu'à sa majorité légale, mis sous la surveillance de ses parens, ou être recouvré dans l'hospice à ce destiné, d'après le §. 1er de cet article.

§. III. S'il est décidé que l'enfant coupable ait agi par suite d'instigation supérieure, la peine

---

(1) Le Code français condamne, à l'article 67, le coupable mineur jusqu'à vingt ans de prison. Cette peine est disproportionnée ; elle n'est pas utile. Ensuite, la loi du 25 juin 1824, qui attribue les crimes des jeunes gens non punissables de mort ou des fers perpétuels, aux tribunaux correctionnels, a violé la ligne des compétences. La loi du 28 avril 1832 a conservé la peine de dix à vingt ans d'emprisonnement, en laissant à trois juges une grande latitude.

(2) Le Code chinois, section 22, en considération de l'âge au-dessous de quinze ans et de celui au-dessus de soixante-dix, permet le rachat d'une peine non capitale, moyennant une amende. Le coupable aussi qui n'a pas plus de dix ans ni moins de quatre-vingts ans, ou qui se trouve aveugle, ou qui a perdu deux membres, est toujours recommandé à la commisération de l'empereur en cas de crime capital.

sera diminuée d'un degré, d'après la classification du paragraphe précédent.

ART. 67.

Lorsqu'il s'agira de majeurs de vingt et un ans,
et de mineurs de quatorze ans, coupables d'infraction, après s'être assuré de l'âge, tant par titre
que par témoins, ou experts (1), la peine leur
sera diminuée d'un degré, d'après les règles
établies aux articles 64 et 65 précédens, sauf les
cas de parricide (2), et autres crimes punis de
mort avec exemplaireté.

ART. 68.

A l'égard d'un sourd-et-muet, ou d'un aveugle,
depuis leur enfance (3), à quelqu'âge qu'ils se

---

(1) Il peut arriver que le prévenu ne soit pas en état de
présenter son acte de naissance, qu'il soit inconnu pour
faire la preuve par témoins ; il appartient alors au tribunal de
faire constater l'âge par experts, et de ne pas laisser au juge
de déclarer majeur un individu pour le plaisir de le con-
damner à mort. Le Code de Naples, à l'article 66, a sagement établi que des experts soient nommés.

(2) Un enfant qui porte atteinte à la vie de son père mé-
riterait même la mort, et d'autant plus un garçon qui aura
accompli sa quatorzième année. Le parricide est un monstre,
c'est un enragé qu'il faut tuer.

(3) Cet article a été extrait du Code de Parme, art. 68 ;
nous y avons ajouté les aveugles depuis l'enfance, car toutes
ces maladies ont été considérées au Code civil comme di-
minutives des facultés de l'âme et de la malice dans l'action.
Nous n'avons pas cru devoir faire une distinction entre

trouvent lors de l'infraction pénale, la question
préalable aura toujours lieu d'après l'article 66,
et les dispositions des paragraphes successifs
leur seront applicables ainsi que celles de l'article 67 à l'égard de la peine.

<h2 style="text-align:center">ART. 69.</h2>

Les femmes et les filles condamnées aux fers
perpétuels, aux travaux forcés, subiront leur
peine dans une maison de correction, ou autre
désignée par le gouvernement (1), avec les
mêmes formalités prescrites par les articles 8,
9 et 44 de ce Code.

---

les malheureux précités qui ont reçu une instruction, pour
ensuite les punir plus rigoureusement, comme le Code de
Parme vient d'établir; nous avons négligé les petits détails
que la loi générale doit éviter; il appartiendra au juge
d'appliquer la durée de la peine, dans la latitude qui lui est
accordée par la loi.

M. Degérando, dans son livre sur l'éducation des sourds
et muets, admet que les enfans ont moins d'aptitude, mais
qu'à un certain âge ils sont justiciables comme les autres
coupables, en désapprouvant le jugement du tribunal qui
déclara qu'un prévenu sourd et muet avait agi sans discernement.

Nous ne sommes pas de l'avis du célèbre métaphysicien,
car, même à l'âge mûr, on peut reconnaître dans l'action
d'un sourd et muet le défaut de discernement.

(1) Le Code romain, article 30, est d'accord avec nous
à l'égard des femmes condamnées aux galères.

Art. 70.

L'homme et la femme (1) qui, au jour du crime commis, auraient accompli les soixante-dix ans, certifiés ou constatés comme à l'article 67, ne subiront pas la peine de mort, sinon dans le cas de crimes frappés de l'exemplaireté : ils seront condamnés aux fers perpétuels, d'après les articles 8 et 69 précités.

Art. 71.

Les degrés de culpabilité sont graves ou légers : dans le cas de culpabilité grave, l'individu sera puni correctionnellement; la culpabilité légère donnera lieu à la réprimande : l'action civile est toujours réservée pour le cas de dommages et intérêts des parties.

---

(1) Les Codes français, article 70, et de Parme, article 69, ont diminué les peines des fers perpétuels et aussi des travaux forcés à l'égard des septuagénaires. Nous avons cru que la seule peine de mort méritait des égards, non pour la personne, qui ne doit plus faire grand cas de sa vie proche du tombeau, mais pour la société, qui doit vénérer la vieillesse; vénération tout-à-fait oubliée par les jeunes gens de nos jours, qui, par l'habitude de tutoyer leurs parens, ont dépassé cette ligne de démarcation que l'âge et le respect exigent, et nous pouvons dire à présent avec Ovide, *Fastor.* v,

Magna fuit quondam capitis reverentia cani!

Respect tout-à-fait oublié par nos savans encyclopédistes.

Le Code chinois, section 22, a prorogé à l'âge de quatre-vingts ans l'indulgence envers les coupables.

TITRE IX.

DE LA RESPONSABILITÉ CIVILE.

ART. 72.

Les juges des villages (1), les syndics ou maires, les municipaux des communes, les commandans de la force armée, les chefs d'une corporation, d'une famille ou d'un établissement qui, dans leur juridiction ou district respectif, ont omis d'empêcher ou de réprimer un attroupement armé, un crime, un délit lorsqu'ils pouvaient les prévenir, les suspendre sans un danger grave, seront civilement responsables, et solidairement, des dommages et intérêts envers les parties et leurs ayans-cause en ligne directe. (2)

---

(1) Cet article, nous l'avons extrait des lois des 2 octobre 1795, 22 décembre 1797, et 18 août 1799, dans lesquelles lois a été puisé aussi l'article 79 du Code du Tésin.

Nous avons la bonne intention de pourvoir par cet article à tous les crimes commis par des attroupemens, soit dans une commune, soit sur son territoire, soit sur le littoral de la mer, pour des objets naufragés ou des dépôts de douanes violés.

Le Code de la Chine fait tomber la responsabilité pour les crimes d'état sur tous les parens du condamné, qui sont bannis dans un lieu éloigné, ce qui est cruel et violent.

(2) Le Code de Parme, article 88, renvoie à être jugé civilement les coupables de responsabilité; mais nous avons cru devoir diminuer les procès et les chicanes en ne donnant ce droit qu'aux personnes les plus proches en parenté.

ART. 73.

La même responsabilité (1) pèsera sur les parens, les tuteurs, les administrateurs des hospices, à l'égard des dommages causés par les enfans, les furieux, et autres individus à eux consignés, d'après les articles 3 et 66, par suite de négligence à les garder pendant le temps prescrit par l'autorité compétente.

ART. 74.

. Les aubergistes et les hôteliers seront aussi civilement responsables des dommages causés par leurs serviteurs, leurs habitués, ou bien par les personnes qu'ils auront logées ou nourries, si dans les vingt-quatre heures (2) après l'arrivée, ils ne les avaient pas consignées à l'autorité locale.

ART. 75.

Quant aux responsabilités civiles qui pourront se présenter dans les affaires criminelles,

---

(1) Cet article était nécessaire pour ainsi obtenir que l'enfant et l'individu malfaisant soient gardés soigneusement et corrigés en famille.

Le Code Grégorien, article 51, a établi en thèse générale, que le père n'est pas tenu pour les amendes encourues par ses enfans, ce qui paraît mériter des exceptions.

(2) L'article 73 du Code français ordonne d'inscrire sur le registre le nom des individus logés dans l'auberge, mais il est plus convenable d'obliger dans les vingt-quatre heures à donner l'avis aux autorités des personnes arrivées.

correctionnelles ou contraventionnelles, les juges se conformeront aux dispositions du droit (1) civil, sur les obligations pour délit ou quasi-délit.

ART. 76.

Les auteurs et complices de toute action punissable sont solidairement responsables (2) pour la restitution des effets et représentation des dommages, et en particulier, pour les amendes et les frais ; le tout conformément aux articles 30, 43 et 45 du présent Code. Pour le cas d'insolvabilité, le condamné sera retenu en prison pour escompter sa quotité d'amende et des frais, à raison de 5 francs par jour, jusqu'à l'acquittement de la totalité.

---

(1) Ce droit dérive de la loi romaine *Institutionum*, lib. IV, tit. V, *de Obligationibus quæ ex quasi delicto nascuntur*.

Leg. 11, *de Negotiis gestis.*

Leg. 24, *Cod. de Usuris.*

Leg. 8, *ad Legem Aquiliam.*

Leg. 5, *Si quadrupes pauperum fecisse dicatur.*

Leg. 44, *de Damno infecto.*

(2) Le Code Grégorien, article 16, concorde avec notre projet de loi, seulement il aurait dû distinguer le cas où la partie civile a fait la demande des dommages ; le tout sans préjudice des droits du fisc.

TITRE X. (1)

DE L'EXTINCTION DU CRIME, DU DÉLIT ET DE LA CONTRAVENTION.

ART. 77.

Toute action pénale (2) est éteinte,

1°. Par la mort naturelle du coupable ;

2°. Par l'accomplissement du temps de la peine ;

3°. Par la rémission de la partie lésée ;

4°. Par la grâce, ou l'amnistie ;

5°. Par l'impunité accordée d'après la loi (3) ;

6°. Par la prescription.

---

(1) Cet article a été copié par nous et par le rédacteur du Code du Tésin, article 201, du Code pénal autrichien.

On pourrait nous dire qu'il doit faire partie de la procédure, comme à l'article 635 du Code d'Instruction français, mais nous avons cru devoir séparer tout ce qui est de loi positive de ce qui serait d'instruction au procès, et plusieurs magistrats sont de notre avis.

(2) Par action criminelle nous entendons désigner le droit de poursuivre et de provoquer une peine, non l'action civile. (*Voyez* Code pénal Grégorien, 1832, articles 37 et 38.)

(3) Loin de nous l'idée d'établir par ce moyen extraordinaire l'espionnage, la dénonciation et la méfiance parmi les citoyens. Nous désapprouvons les abus de l'impunité lorsque le gouvernement a dans son pouvoir tant de moyens de surveillance, sans mettre en contact très souvent les membres d'une famille, ce qui aura lieu lorsqu'on exemp-

ART. 78.

La mort naturelle frappe au moment la seule personne du coupable : l'action pénale corporelle (1) contre lui est éteinte, mais l'action civile pour les dommages et restitutions dues, pourra être exercée sur son patrimoine et contre ses héritiers.

ART. 79.

L'accomplissement du temps de la peine rend à l'individu tous ses droits civils (2), sauf les effets

---

tera, par exemple, de la conscription celui qui arrêtera un réfractaire, qu'on donnera une pension à un brigand qui en fera arrêter d'autres : ces sortes de transactions avec les criminels prouvent la faiblesse des gouvernemens qui les emploient.

(1) Nous avons exprimé *corporelle* pour indiquer qu'il serait barbare de sévir sur le cadavre, ou de pendre en effigie celui qui a cessé d'exister, comme on pratiquait à l'égard des suicidés, lesquels doivent être considérés comme fous, d'après l'avis des médecins les plus célèbres : car il faut une altération du cerveau pour qu'un homme puisse tenter, contre tout souhait de nature, à sa destruction.

(2) A quoi bon cette surveillance de la haute police à laquelle le Code français assujettit souvent les citoyens, après l'expiration de leur peine, pour un temps très long. Cette surveillance ne sert qu'à prolonger la tache d'infamie après l'accomplissement de la peine, et nous pensons que le Code très philanthropique de la Toscane a sagement ordonné que personne ne pourra reprocher au condamné rendu à la liberté son ancien crime, afin de lui ôter la honte et l'avilissement.

de l'infamie dans les cas voulus par le présent Code.

ART. 80.

Le désistement et la rémission de la partie lésée, soit civile (1), soit plaignante, auront leurs effets dans le cas de délit ou contravention par lesquels l'ordre public ne sera pas intéressé, ni le ministère judiciaire appelé d'office aux poursuites.

ART. 81.

La grâce ou l'amnistie (2) données par le chef de l'état, suivant les règles de procédure, ne pourront regarder que la personne du coupable (3) de crime, ou délit antérieur d'une année, sans porter atteinte aux droits des tiers, pour

---

(1) Le Code chinois, section 25, dit que si le voleur ou l'escroc restitue volontairement ce qu'il a pris, cet acte donnera lieu à obtenir le pardon.

Nous avons déjà blâmé les transactions que les parties peuvent faire en Angleterre, même en présence des jurés, et nous exceptons les crimes qui sont toujours assujettis à la vindicte publique, des simples infractions qui n'intéressent que la partie lésée.

(2) Le Code chinois accorde le pardon au coupable qui s'accusera au magistrat avant toute poursuite. (Section 25.)

(3) Nous avons déjà, dans l'Avant-propos, déclamé contre la clémence des rois, et le trop d'indulgence à remettre les peines même les plus graves, d'où il dérive des conséquences malheureuses. Nous ferons seulement observer que, dans le cas de récidive, la grâce doit être

l'action civile, et sans même déroger aux effets de la récidive.

ART. 82.

L'impunité accordée par la loi ayant pour objet de prévenir ou dévoiler les crimes les plus atroces, n'opérera que la mise hors d'accusation (1) du dénonciateur complice, lequel sera exempt de toute peine, mais il sera assujetti aux règles de la réitération en cas de nouveau crime.

---

considérée comme non avenue, et que le droit du tiers ne peut jamais être lésé.

L'empereur de la Chine, à la section xvi de la première division de son Code, a bien voulu borner son autorité en matière de grâce ; il en exclut les filouteries, et à la section 418, il a déclaré que les délits commis à dessein, dans l'attente de l'impunité ou de la grâce, ne jouiront jamais de ce bénéfice.

L'ordonnance du 6 février 1818, concernant l'indulgence en faveur des *condamnés corrigés*, a rendu à la France des galériens hypocrites, qui sont souvent repris de justice.

(1) Par l'effet de l'impunité, le coupable sera censé n'avoir jamais été poursuivi, et par cette raison, il sera assujetti aux effets de la réitération en cas de nouvelle infraction.

L'impunité a été adoptée par plusieurs législateurs même avec trop de facilité. Nous n'approuvons pas de laisser, par ce moyen odieux, la police en repos, car c'est à elle d'agir pour ne pas employer un moyen extraordinaire qui a souvent des suites fâcheuses.

Nous ne parlons pas ici des sauf-conduit souvent nécessaires ; ils seront réglés par le Code de procédure criminelle.

ART. 83.

La prescription est un moyen de se délivrer des poursuites et de la peine légale, après un certain laps de temps, et sous les conditions déterminées par la loi.

La prescription est favorable à tous les condamnés, soit (1) par défaut, soit par contumace.

Elle n'admet plus le condamné à se présenter pour purger le défaut ou la contumace, mais bien à obtenir la déclaration de droit.

ART. 84.

Cette prescription décourt de jour en jour, et elle sera acquise à l'égard des criminels nominativement reconnus,

1°. Après le dernier jour de la vingt-quatrième année, à partir (2) de la date du premier jugement de condamnation.

---

(1) Nous avons, par ces mots, rendu inutile la disposition spéciale du législateur qui a déclaré que la prescription n'est pas applicable aux condamnés contradictoirement. (*Voyez* l'article 641 du Code d'Instruction criminelle.)

(2) Nous avons cru bon de réunir ici tous les articles du Code d'Instruction, articles 635 à 641, et de suivre aussi les dispositions des Codes autrichien, articles 206 et 431 ; du Tésin, article 97; de Toscane, article 108, pour rendre à la loi une rédaction plus claire et plus précise.

Nous avons cru devoir ôter toutes les entraves du Code français, article 635, et laisser libre le contumace, qui rentre

2°. Après la douzième année accomplie, si dans cet intervalle le procès n'a pas été jugé.

3°. Après la sixième année révolue, si dans cet espace de temps aucun acte d'instruction ni de poursuite n'a été commencé.

ART. 85.

Les délais sus-énoncés seront réduits à un tiers, lorsqu'il s'agira (1) de simple délit ou de contravention.

---

dans son pays d'habitude, où il voudra, car tout droit de la société est éteint.

Il appartient à la police de surveiller, mais la loi pénale doit être favorable aux libertés nationales ; elle ne doit pas s'occuper des détails individuellement.

Le Code Grégorien, au titre VIII, a fixé la prescription à *trente* ans pour la peine de mort, ou les galères à vie ; à *dix* ans, pour les crimes punissables de cinq à vingt ans de galères ; à *cinq* ans, pour les délits correctionnels. Il a établi que le jugement par défaut empêche la prescription : dans le même Code, l'action pour crime d'adultère est prescrite après cinq ans.

(1) Nous avons, par cet article, cru bon de trancher toutes les distinctions embarrassantes du Code d'instruction français.

Le Code de la Toscane, article 110, a établi la prescription de cinq ans pour les contrats d'usure, et un an pour les délits de concussion et de prévarication. Il est convenable de ne pas entrer dans des détails particuliers, et de fixer toujours des règles générales et précises, en matière de prescription, comme dans le Code Napoléon.

Art. 86.

Les condamnés à la peine capitale et aux fers perpétuels étant morts civilement, ne pourront dans aucun cas (1) jouir de la prescription.

Toutefois, après les vingt-quatre ans révolus à partir du jour du jugement par défaut ou par contumace, la peine de mort sera commuée (2) en celle des travaux forcés au quatrième degré, et les fers perpétuels en celle des travaux au second degré.

Art. 87.

La prescription ne décourra pas lorsque l'instruction du procès (3) ne pourra avoir lieu avant le jugement au civil.

Art. 88.

La prescription ne sera prononcée qu'après

---

(1) Nous jugeons que la mort civile, avec la privation de la liberté, équivaut à la mort naturelle; en conséquence, il serait absurde de faire revivre, par la prescription, un individu réputé mort à la société.

(2) Il paraît que l'équité exige la diminution de la peine; nous avons suivi, en cela, les dispositions sanctionnées par différens codes.

(3) Ce cas arrive souvent lorsqu'il s'agit de faux serment, de fausse écriture présentée, de l'usure et cas semblables, où il faut que le jugement civil soit avant tout prononcé.

Le Code de la Louisiane a établi en principe que la prescription est interrompue par suite de l'évasion du détenu, ou tant que le coupable reste inconnu.

le paiement des frais du procès et des dommages assignés aux parties (1) plaignantes ou civiles, ainsi que des amendes, sauf le cas d'indigence absolue de l'individu, ou des prescriptions acquises par le Code civil.

ART. 89.

La prescription est interrompue par un nouveau crime, par un délit, ou une contravention (2) de la même catégorie des peines, ou des plus graves, et on suivra, à l'égard du coupable, les dispositions du titre VII sur la récidive.

TITRE XI.

DE LA RÉHABILITATION. (3)

ART. 90.

La réhabilitation fera cesser toute incapacité

---

(1) Le Code autrichien, article 208, a sagement disposé pour les dommages ; mais il a mis une condition trop forte à l'individu qui implore la prescription, savoir, qu'il ne soit pas émigré à l'étranger ; ce qui rend presque inapplicable le bienfait de la loi.

(2) Nous avons cru, par la soumission de *bene vivendi*, porter un remède contre la récidive, et que la contravention à cette soumission doit interrompre la prescription ; l'expérience démontrera l'effet de notre prévoyance.

(3) Ce titre est tiré du chap. IV, article 619, du Code d'Instruction ; de l'article 28 du Code de Toscane ; de l'article 204 du Code autrichien ; et des articles 82 et 89 des Codes du Tésin et de Naples. Nous avons cru qu'il devait

produite par la condamnation à une peine d'après les articles 79 et 81 du titre précédent.

ART. 91.

Tout individu, après l'extinction de sa peine, sera admis au bienfait de la réhabilitation, et il sera reçu dans la société (1) comme son membre et comme son enfant corrigé.

ART. 92.

La demande en réhabilitation n'aura lieu qu'un an (2) après la mise en liberté du condamné, dont le domicile aura été fixé pendant ledit espace de temps dans un village, et duement constaté par les autorités dans les formes voulues par le Code de procédure. (3)

être placé ici, et former le complément de la première partie d'un Code pénal.

(1) Le Code de Toscane, article 28, s'exprime ici avec les sentimens d'un père envers l'enfant prodigue, et nous blâmons de nouveau la sévérité de ces lois qui laissent une empreinte d'ignominie aux hommes qui ont subi leur peine, qui ont satisfait à la loi, et qui sont en conséquence rendus à la société.

(2) Nous ne comprenons pas pourquoi le Code d'Instruction français, article 619, exige le laps de cinq ans après l'expiration de la peine.

Cet entrave de rigueur porte souvent les individus libérés au désespoir et à de nouveaux délits. (*Voyez* article 11, loi du 28 avril 1832, qui a étendu même les délais de surveillance.)

(3) C'est dans ce Code qu'on fixera le nouveau délai et

ART. 93.

Le condamné par récidive (1) n'est pas admis à demander la réhabilitation, et les condamnés par réitération ne le seront qu'après deux ans de domicile fixe, comme à l'article précédent.

---

les conditions à remplir par le demandeur, dans le cas où le tribunal aurait rejeté la première demande.

(1) Nous avons suivi l'article 634 du Code d'Instruction, et nous pensons que le coupable de récidive ne mérite plus de faire partie de la société dont il a violé les lois par une habitude malfaisante.

NOTE GÉNÉRALE.

Nous terminerons les observations de cette première partie de notre Code pénal, par une réponse à l'opinion de M. Salaville, publiée en 1827, à Paris, pour l'abolition de la peine de mort, renvoyant les lecteurs à l'ouvrage de M. Silvela, sur le maintien de la peine de mort, qu'on vient de publier chez Videcoq, libraire, vol. in-8°.

Nous avons déjà énoncé que le législateur de la Toscane a prouvé par une expérience de quatre ans, que même dans ces pays très doux, où les mœurs sont excellentes, la peine de mort était indispensable, et que, l'ayant abolie par l'édit du 30 novembre 1786, il fut malgré lui forcé de la rétablir par l'édit du 30 août 1795.

Nous dirons de plus que l'empereur de la Chine, de cette grande peuplade qu'on peut assimiler à une ruche d'abeilles, constante dans ses habitudes, dans ses lois et dans ses mœurs primitives, fut, par l'édit de 1647, obligé de substituer à la peine du fouet et du bambou des peines plus sévères, et même la mort, pour refrener les inclinations, les penchans des hommes audacieux et enclins à opprimer les faibles.

DU
SYSTÈME PÉNITENTIAIRE.

Lᴇ siècle des lumières étant passé, il en fallait un autre, celui du *romantisme* (1). Ce goût idéal et corrupteur, après s'être glissé dans l'histoire, altérée au bon plaisir de l'écrivain, dans la poésie théâtrale, au mépris des règles classiques et invariables, s'est aussi fait jour dans la législation et dans la politique.

De nouveaux génies, lancés par leur imagination dans l'idéalisme, impatiens d'écrire avant d'avoir acquis les lumières nécessaires à l'école de l'expérience, ont mis en avant de nouvelles théories législatives sous le voile de la philanthropie, théories qui blessent l'ordre public et la sûreté individuelle.

---

(1) Ouvrez un des romanciers à la mode, la préface est toujours une dissertation par laquelle l'auteur annonce qu'il n'y a ni règle, ni lois, ni devoirs littéraires. Le moyen âge a eu sa cabalistique et son astrologie; le dix-huitième siècle le mesmérisme et les convulsions; le dix-neuvième, qui est celui où nous vivons, commença par le goût fantastique, qui, par ses effets sur le système cérébral, nous conduira...

Nous avons plus d'une fois entendu leurs disputes pour l'abolition de la peine de mort, comme s'il était convenable et utile de conserver un parricide (1), un empoisonneur, comme si le conspirateur contre la sûreté de l'état pouvait mériter un prix pour ses attentats contre la tranquillité publique.

On allégua franchement que la Toscane, la république du Valais, avaient aboli la peine capitale, ce qui n'est pas vrai; car le législateur de l'Étrurie fut, en 1795, obligé de la rétablir, et le grand-bailli de Sion nous attesta, en 1831, que rien n'était encore statué définitivement à cet égard dans son canton.

Si ces théoriciens eussent exercé, comme nous, les fonctions de magistrat au criminel pendant quatorze ans et plus, fonctions pénibles, mais utiles pour connaître à fond les penchans et le cœur de l'homme, ils opineraient avec nous qu'il existe malheureusement une limite à laquelle il faut arrêter toute indulgence d'humanité, et laisser à la loi pénale son libre exercice.

Tel est le principe qu'il nous paraît convenable de fixer, avant d'adopter l'utile et salutaire

---

(1) *Ad legem Pompejam,* de Parricidis, tit. xxiv, *ibi. Hi etsi antea insuti culleo in mare præcipitabantur, hodie tamen vivi exuruntur, vel ad bestias dantur.*

En Amérique, la peine de mort a été conservée pour le meurtre prémédité. (Code, 1786.)

système pénitentiaire, avant de fonder des maisons destinées à la correction des mœurs et des
mauvaises habitudes.

Législateurs, soyez bien persuadés qu'il est
impossible de garder, dans une maison pénitentiaire, des condamnés à plus de *quinze* ans de
travaux forcés, d'autant moins ceux envoyés aux
fers perpétuels. Tous ces criminels, que, par la
nature de leurs actions, ou par la récidive, la loi
punit avec de telles peines, ne méritent pas d'indulgence ; ils doivent être considérés comme incorrigibles. Il faut renvoyer de tels individus aux
galères, ou les faire garder dans des lieux destinés
aux travaux pénibles ; il ne faut pas qu'ils espè-
rent d'obtenir une diminution de peine par leur
conduite hypocrite ; ce serait d'un mauvais exemple, et cette espérance, plutôt que de les diminuer, augmenterait les crimes.

Notre allégation va être confirmée par les observations, par les notes, que nous avons tirées
de l'examen attentif des deux prisons pénitentiaires de Genève et de Lausanne, que nous avons
visitées les 3 et 13 août 1831, afin d'écrire avec
connaissance de cause sur cette très importante
matière, qui depuis quelque temps occupe, dans
plusieurs états, les ministres de la justice, et pour
l'éclaircissement de laquelle le gouvernement
français envoya en Amérique deux jeunes magistrats dont on attend les rapports.

CHAPITRE PREMIER.

*De l'origine et propagation du système péniten-
tiaire, de ses avantages et de ses abus.*

LE système pénitentiaire, qu'on a cru origi-
naire du nouveau Monde, fut tracé sur le modèle
de la prison de Gand (Pays-Bas), érigée par les
États de Flandre, sous le règne de la grande
Marie–Thérèse, en 1772; prison qui peut être
considérée comme ayant servi de règle pour celles
d'Amérique, et notamment pour la maison pénitentiaire d'Auburn (état de New–York), construite en 1816, comme *maison-modèle* dans les
Provinces-Unies.

La prison de Gand a changé en mal depuis
1783, et sa manufacture utile et florissante fut
détruite, les métiers et les ustensiles furent vendus, l'empereur d'Autriche ayant accédé aux
demandes de quelques négocians intéressés.

La république française s'étant emparée de
Gand en 1792, rangea cette maison parmi les
prisons de détention; elle fut livrée à forfait à un
fabricant, et le roi des Pays-Bas, en 1824, l'a convertie en une manufacture de toile pour le service
de l'armée; il a rendu ainsi les prisonniers utiles à
l'état, moyennant trois cent quarante-sept métiers, qui occupent six cent quatre-vingt-quatorze
individus, non compris les tailleurs, bobineurs
et fileurs.

En Angleterre, le système pénitentiaire fut, en 1779, introduit par Howard, et approuvé par le gouvernement. La première maison fut ouverte à Glocester en 1785, dont le nombre des cellules s'est élevé de soixante-dix-huit à cent soixante-dix-huit, comme le moyen le plus sûr de correction. Depuis l'établissement de cette pénitencerie, jusqu'à 1816, le gouvernement ne songea pas à les multiplier ; c'est à cette époque qu'après de grands débats, le pénitencier général de Milback fut établi (1) ; ensuite un autre, de Richmond, en Irlande.

En Amérique, les condamnés aux fers étaient, au temps de la domination anglaise, comme ailleurs, employés dans les rues des villes, enchaînés deux à deux, pour faire les travaux les plus avilissans.

Après l'émancipation, les législateurs à Philadelphie, en 1790, songèrent à un plan de réforme dans le régime des prisons, et un système pénitentiaire fut adopté.

L'exemple de la Pensylvanie fut suivi par l'état de New-York, en 1797 ; par la Virginie, en 1800, etc. ; mais avec des institutions différentes, qui ont tourné en mal, et, au lieu de servir d'école de réforme, sont devenues des maisons de vice et de corruption, comme on verra au chapitre troisième, d'après le rapport de M. Aguiton,

---

(1) Le pouvoir royal diminue l'effet de ce système par l'application trop fréquente du droit de grâce.

qui a demeuré long-temps dans les Provinces-Unies.

Le régime pénitentiaire, que Napoléon avait l'intention d'établir après la publication du Code pénal, ayant affecté en 1810 un fonds de onze millions pour la réforme des prisons, ce même système, sous une autre forme, fut adopté par le roi philosophe Louis XVIII, avec les ordonnances des 18 et 30 août 1814, portant que cent jeunes gens condamnés criminellement ou correctionnellement, et n'ayant pas atteint leur vingt-cinquième année, seraient extraits des prisons de la ville de Paris et réunis dans une maison de travail soumise à un régime particulier. L'estimable duc de La Rochefoucauld, pair de France, fut nommé directeur de cette maison de correction. Un comité, ou société royale des prisons fut établi à Paris, et il eut par la suite quelques bons résultats.

On n'avait pas eu le temps de mettre à exécution la première ordonnance, qu'une seconde, du 9 septembre même année, statua que les jeunes gens de moins de 20 ans, condamnés pour crimes, seraient extraits des prisons de Paris, ou des départemens environnans, et réunis dans une prison d'essai, et les ordonnances précédentes furent annulées.

D'après le compte moral rendu par le directeur, le Roi se réserva d'accorder des grâces avant l'expiration du temps, à ceux des prisonniers dont l'exactitude de la conduite pourrait faire croire à leur amendement, et qui seraient jugés pouvoir être rendus à la société sans inconvénient pour elle et à son avantage. Le même duc de La Rochefoucauld fut renommé directeur, et le baron Delessert, adjoint. Le premier jour du mois de mai était fixé pour mettre en activité cette maison, lorsque la journée funeste du 20 mars 1815 arriva, et toute idée d'amélioration disparut.

Une nouvelle ordonnance du 2 avril 1817 porta réglement sur les quinze maisons centrales de détention, lesquelles, d'après les art. 16 et 21 du Code pénal, furent converties : 1°. en maison de force pour y renfermer les individus des deux sexes condamnés à la réclusion, et les femmes et les filles envoyées aux travaux forcés ; 2°. en maison de correction pour les individus dont la peine ne serait pas moindre d'un an de prison.

Dans toutes ces maisons (1) on établit des ateliers, et le produit du travail fut divisé en trois parties, dont une au profit de la prison, l'autre pour le détenu, la troisième en réserve, pour lui être remise à sa sortie ; partage reconnu onéreux à l'état, comme nous l'indiquerons plus bas.

Ensuite, l'ordonnance du 6 février 1818 fixa le 25 août pour les grâces royales annuelles aux prisonniers.

_____

(1) D'après le *Moniteur* du 25 mars 1823, la population de ces maisons était de plus de trente mille, non compris dix mille qui se trouvaient aux bagnes.

Une dernière ordonnance du 6 juin 1830 statua qu'à l'avenir, les individus des deux sexes condamnés correctionnellement à plus d'un an de prison, seraient seuls envoyés dans les maisons centrales de détention.

Nous reconnaissons par là que l'état des prisons, en France, n'est pas encore de beaucoup amélioré, car la confusion des individus incarcérés pendant que le procès subsiste, et ses effets corrupteurs se propagent. Vous y trouvez encore l'homme et la femme soupçonnés d'un délit, confondus avec le rebut du genre humain, et l'innocent associé au criminel. Jusqu'ici on n'a pas, dans nos prisons, séparé les individus (1) arrêtés pour obtenir la découverte d'une action grave, des détenus accusés de crime, ni séparé ceux-ci des prévenus de simples délits. Nous espérons ces importantes améliorations avant de passer au système pénitentiaire en France.

Depuis le premier établissement, en 1772, du régime pénitentiaire à Gand, par suite en Angleterre et en Amérique, plusieurs avantages furent obtenus de cette institution bienfaisante, savoir : 1°. d'occuper au travail journalier des bras qui, auparavant, étaient plongés dans l'oisiveté, au préjudice de l'état, surchargé de

----

(1) Un empoisonnement est commis, on arrête le cuisinier, les domestiques de toute une famille ; c'est une précaution de sûreté publique.

la nourriture des prisonniers à pure perte ; 2°. de faire apprendre, par ce moyen, des professions à des vagabonds et à des jeunes gens sans aveu ; 3°. de donner aux prisonniers une éducation morale et religieuse, fondement de toute société humaine (1) ; car où la loi s'arrête, ne pouvant connaître et punir l'intention, la religion exerce son ministère sur le cœur et la conscience ; 4°. la division des détenus en différentes classes est l'un des élémens le plus nécessaires pour le régime pénitentiaire ; elle fut établie dans plusieurs endroits. On a même pourvu à la construction de cellules servant à l'isolement des criminels pendant la nuit, et même pendant le jour, pour éviter les complots d'évasion, et livrer les coupables à leurs propres réflexions ; 5°. on a ordonné dans les ateliers, à la table, aux dortoirs, ce silence si pénible à l'homme oisif, et au criminel endurci, qui a moins d'occasions de faire parade de son immoralité et de vanter ses crimes.

Ces avantages furent bientôt contrebalancés par des abus qui se sont introduits dans les maisons précitées, et, 1°. le travail fut négligé ; il fut, ailleurs, partagé dans des ateliers qui exigent de grands emplacemens comme, par exemple, à Boston, où, sur huit cent cinquante-neuf prisonniers, un quart est occupé à scier et à tailler des pierres, un autre quart aux métiers de cordonniers et tisserands, deux huitièmes à

_____

(1) Voyez l'ordonnance précitée du 6 février 1818.

ceux de tonneliers et de forgerons ; 2°. les moyens coërcitifs (1), au lieu d'adoucir les mœurs, servirent à les rendre plus fiers, par les punitions du fouet et autres, abandonnées à la discrétion des gardiens; 3°. on a permis l'introduction, dans la prison, de secours extérieurs, ou bien on a permis au geôlier en chef d'en fournir, de manière que le prisonnier voyait, dans son fournisseur, l'homme qui cherchait son bénéfice ; de là, des défiances, des querelles, des injures au geôlier, qui ne manquait pas de se venger; 4°. dans quelques maisons, on a voulu introduire le travail solitaire dans des cellules séparées; cette disposition a rendu le patient victime du désespoir, il arrêta l'émulation dans le travail, qui souvent était mal fait ; 5°. dans d'autres maisons, le silence, si utile à la correction des mœurs, fut négligé ; on a de plus réuni aux pénitenceries des maisons de refuge, et, par ce mélange, tout avantage fut perdu.

Il appartenait aux deux cantons de Genève et de Lausanne, de la confédération Helvétique, de porter le régime pénitentiaire à un certain degré de perfection.

Nous allons transcrire les lois sanctionnées par les savans législateurs, et rapporter les réglemens des deux maisons pénitentiaires que M. Lucas n'a pas cru devoir transcrire dans son

_____

(1) A New-York on inflige des coups de bâton au condamné pour l'obliger à un aveu.

ouvrage; réglemens utiles aux gouvernemens d'Europe qui voudront en profiter.

CHAPITRE II.

Des maisons pénitentiaires de Genève et de Lausanne, leur législation et réglemens.

DEPUIS 1820 les chefs de la république genevoise conçurent l'idée d'une maison pénitentiaire pour y renfermer les condamnés correctionnels, et même les hauts criminels.

Le rapport sur la nécessité d'adopter le système pénitentiaire américain fut fait par feu M. Dumont, le 26 janvier 1822, et dans la séance du 1er mars la loi suivante fut sanctionnée.

« ART. 1. Il sera établi une prison pénitentiaire.

« 2. Elle sera construite dans le bastion de « Hesse. (1)

« 3. Elle aura des quartiers distincts pour sé- « parer les diverses classes de condamnés.

« 4. Les détenus dans la prison pénitentiaire « seront assujettis au travail.

« 5. Le régime intérieur de cette prison sera « déterminé par une loi.

« 6. La somme de 450 mille florins (2) est mise à

(1) La position de cet établissement près du lac est salubre, dans un lieu élevé, près la porte du Valais.

(2) La dépense n'a pas excédé 285,000 fr. pour placer soixante condamnés.

11

« la disposition du conseil d'état, pour pour-
« voir aux frais de construction de cette pri-
« son, etc. »

N. B. Les autres articles de cette loi sont relatifs au mode de fournir cette somme, soit sur les
fonds existans, soit par un emprunt, etc.

Sans rapporter ici l'exposé des motifs, nous
donnerons une idée de l'esprit qui a dominé les
législateurs en sanctionnant cette loi salutaire.

Il est constant que les mœurs des hommes s'é-
tant en général adoucies, et surtout depuis que
l'esprit philosophique s'est appliqué à la législation
pénale, on a beaucoup réduit les peines afflictives
corporelles, on a banni les tourmens des tenailles,
de la roue et autres, dont nous avons parlé à la
page 81. On a senti que selon la diversité des
âges et des sexes les mêmes peines nominales
n'étaient point les mêmes peines réelles. On a
reconnu enfin que ces peines afflictives corporelles n'avaient aucune tendance à réformer le
moral des individus, qu'elles rendaient même
l'homme vicieux, plus vicieux encore en le li-
vrant à l'infamie, et que d'un malfaiteur novice
on ne tardait pas à faire un grand criminel.

Tel fut le motif qui détermina en premier lieu
l'établissement d'une maison pénitentiaire à Genève, pour substituer à toute sorte de peine, différentes espèces d'emprisonnement. Conception
trop large ; car, comme nous avons dit, il y a des

peines capitales et perpétuelles auxquelles on ne peut faire de substitution sans déranger l'ordre public et désorganiser l'état social.

La théorie de l'emprisonnement que l'immortel Howard mit à exécution en 1779, obtint beaucoup d'applaudissemens et peu de succès : on voulut imposer à chaque prisonnier le travail solitaire, et la dépense, dans ce plan, forma à elle seule une difficulté insurmontable. Cet inconvénient a été par les législateurs genevois évité en établissant qu'il y aurait dans la maison des quartiers distincts pour séparer les diverses classes des condamnés, qui travailleront de jour dans des salles, et seront renfermés pendant la nuit dans des cellules solitaires.

L'utilité des dispositions des articles 3 et 4 de la loi est prouvée par le savant Rapporteur dans les termes suivans :

« Le mélange confus de tous les prisonniers « est contraire à la justice, il est opposé au but « que le législateur se propose. Quelle proportion « y a-t-il dans les peines lorsque des condamnés « correctionnellement, et pour des fautes qui ne « supposent pas des inclinations dépravées, sont « renfermés pêle-mêle et réduits à former société « avec les criminels les plus atroces ?

« Qu'y avait-il de plus contraire au but du lé- « gislateur que de créer une école d'enseignement « mutuel pour le crime, de former une réunion « de malfaiteurs où ils puissent mettre dans un

« fonds commun toutes leurs inclinations per-
« verses et tous leurs funestes talens pour se les
« emprunter réciproquement et se perfectionner
« dans l'art de nuire? Une partie essentielle de ce
« système de séparation, ce sont des cellules de
« nuit pour chaque prisonnier. Outre l'objet es-
« sentiel des mœurs, sur lequel il faut jeter le
« voile de la décence, il y a des motifs de sûreté,
« de discipline, de santé, de prévention dans les
« complots et dans les querelles; de plus encore,
« ces heures de solitude ramènent le détenu à des
« réflexions sérieuses et très utiles pour la ré-
« forme morale.

« Le travail est un des principes dirigeans sans
« lequel tout ce qu'on pourrait faire pour l'amen-
« dement des prisonniers serait nul. Le travail a
« quatre utilités distinctes : 1°. c'est un moyen
« d'économie, car la peine est convertie en pro-
« fit, tandis que l'emprisonnement oiseux est
« une perte nette pour l'état; 2°. c'est un moyen
« d'ordre et de tranquillité : des hommes occu-
« pés sont moins difficiles à surveiller, moins
« disposés à des actes d'insubordination et à des
« querelles; 3°. le troisième avantage se rapporte
« à l'utilité immédiate des condamnés, à leur
« bien-être, à l'exemption des tourmens de l'oisi-
« veté; 4°. le quatrième avantage se rapporte à
« l'utilité future du détenu; car ce n'est plus le
« prisonnier qu'on envisage, c'est l'homme qui
« aura cessé de l'être, et qu'on ne voudra pas

« rendre à la liberté avec les vices qui la lui ont
« fait perdre. »

Le sage Rapporteur aborde enfin la question
problématique sur la possibilité de réformer les
hommes vicieux, changer leurs habitudes et leurs
caractères, sans faire des hypocrites qui se
livreront à leurs funestes inclinations après la
grâce obtenue.

« Sans me jeter, dit-il, dans un examen philo-
« sophique qui serait ici hors de place, j'accor-
« derai à l'objection, qu'il est des êtres qui ont
« perdu dans la corruption toute sensibilité mo-
« rale, des vétérans du crime, dont les vices peu-
« vent s'user plutôt que se guérir, mais ces cas
« désespérés sont rares (1). Combien y a-t-il de
« délits qui sont le résultat de l'ignorance ou de
« l'ivresse, ou de telle autre cause qui ne sup-
« pose pas de la perversité ? s'il est une chose
« démontrée, c'est l'influence des prisons com-
« munes sur le moral de ceux qu'on y renferme :
« or, si l'on ne peut douter de leur puissance
« pour pervertir, comment douterait-on qu'un
« régime absolument opposé (2) ne produisît des

(1) Nous observerons qu'outre les vétérans du crime, il
existe des assassins qu'on ne peut conserver, parce que
leurs actions préméditées désignent la férocité de leurs
âmes. Par exemple, l'empoisonneur, l'incendiaire, le parricide, etc., dont le crime fut l'objet de leur méditation.

(2) Par la même raison qu'il est difficile de redresser une
jeune plante, il est impossible de redresser un gros arbre.

« effets contraires? L'esprit humain est le résul-
« tat de ce qu'il éprouve et de ce qui l'entoure.
« Rendez au physique l'air sain et pur, vous
« écarterez les maladies contagieuses ; placez des
« hommes vicieux dans un système où les causes
« du mal n'existent plus, où les vertus devien-
« nent pour eux un moyen de bonheur, vous
« produirez nécessairement des vertus. »

Il serait trop long de transcrire ici tout le rapport sus-énoncé : on pourra le lire dans le *Recueil*
des documens relatifs à la prison pénitentiaire,
imprimé à Genève, 1830. Nous ajouterons seulement un exposé succinct des principales questions qui furent débattues durant six séances
dans le conseil représentatif, auxquelles ont pris
part MM. Pictet Diodati, Micheli, Bellot, Rossi,
Sismondi, Favre, De Candolle, Lafontaine, Cou-
gnard, Fazy, Boissier, Bellamy, etc.

ART. 1er. *Réfutation de l'erreur qu'un empri-*
sonnement court et rigoureux est préférable.

« L'idée qu'une grande sévérité, pendant une
« courte détention de quelques mois, serait un
« meilleur moyen de corriger les prisonniers
« qu'une plus longue réclusion dans une prison
« pénitentiaire, repose sur deux erreurs. La pre-
« mière, sur une fausse connaissance du système
« pénitentiaire ; la seconde sur le caractère et les
« dispositions des vagabonds (1) qui peuplent

---

(1) On pourra donc réduire le temps d'emprisonnement

« ordinairement les prisons : ce que ces fainéans
« redoutent le plus, c'est le travail; ils ne sont
« guère vulnérables que dans leur estomac, et
« une détention prolongée dans une prison où
« ils sont astreints à un travail régulier et à une
« nourriture dépourvue de toute saveur, voilà
« l'espèce de terreur morale, de terreur utile et
« point contraire à l'humanité, qu'une telle pri-
« son leur inspire; la crainte d'être soumis de
« nouveau à ce régime de privations effraie pres-
« que toujours ceux qu'elle ne corrige pas. »

Art. 2. *Danger de donner à la maison de pénitence un titre et un caractère infamans.*

« Quant à l'effet que doit produire la prison
« pénitentiaire, nous ne sommes pas responsable
« des opinions erronées qui peuvent se répandre :
« nous n'avons pas prononcé le mot d'*infamie,*
« et c'est à dessein; nous n'avons parlé que de
« prison pénale. C'est l'opinion publique (1) qui
« imprime l'infamie, et non la loi ni le supplice.
« D'illustres victimes ont péri sur un échafaud,
« qui est devenu pour elles une auréole de gloire.

pour les autres détenus. Nous croyons que les peines de
simple vagabondage n'étant que d'un an, on devrait plutôt
renvoyer les vagabonds dans des colonies agricoles ou dans
des dépôts de mendicité, car il n'y a à corriger que la fainéantise et non des délits spécifiques.

(1) Si cette opinion est contre la loi pénale, alors l'infamie sera nulle. Nous croyons que l'infamie est toujours imprimée par le jugement. (*Voyez* la note page 79.)

« L'opinion a tout ce qu'il faut pour peser dans
« une balance ce qui, chez les condamnés, les
« voue à l'infamie, ou ce qui doit les en préser-
« ver. Gardons-nous de signaler la maison de
« pénitence ayant un caractère infamant (1); nous
« n'y attachons qu'un caractère pénal et de régé-
« nération. La nouvelle maison sera un dépôt où
« les criminels seront renfermés pour être rame-
« nés à l'ordre, à la régularité, et peut-être à la
« vertu. »

Art. 3. *Assujettissement des détenus au tra-*
vail; nature de ce travail.

« L'idée essentielle, le principe vital d'une pri-
« son pénitentiaire, est l'assujettissement au tra-
« vail; mais la nature de ce travail ne peut être
« déterminée d'avance pour chaque prisonnier.
« On doit exclure tous les travaux flétrissans,
« mais on doit admettre des travaux en société,
« plus propres (2) que les autres à exercer une
« louable émulation et un principe de régéné-
« ration chez les prisonniers, but essentiel d'une
« prison pénitentiaire. »

Art. 4. *Difficultés provenant du Code pénal*

---

(1) Vous voulez renfermer des condamnés aux travaux
forcés, aux fers perpétuels, en conséquence, de grands
criminels, et vous voulez que la maison soit de pénitence?
Si vous introduisez des comédiens pour jouer dans une
église, conservera-t-elle sa dénomination?

(2) La surveillance sera plus facile, et on n'aura pas besoin de grandes salles comme à Boston.

français, sur la fixation du nombre des prison-
niers pénitentiaires.

« Par rapport au nombre des prisonniers pé-
« nitentiaires, il y a en ce moment un certain
« vague, dont on ne peut pas sortir. Ce vague tient
« en grande partie à la nature du Code pénal
« français, que nous avons admis provisoirement
« en laissant aux juges la faculté de diminuer les
« peines d'une manière illimitée. Tout ce code
« est fondé sur une distinction arbitraire, arti-
« ficielle, et purement technique, celle des crimes,
« des délits et des contraventions. Ce qui y fait
« la différence des crimes et des délits, ce n'est
« pas la nature des actes, c'est la nature ou la
« quotité de la peine; en sorte qu'en diminuant
« la peine vous faites passer un crime dans la
« classe des délits (1); en augmentant la peine,
« vous faites passer un délit dans la classe des
« crimes. Il y aurait trop à dire pour faire sentir
« tous les inconvéniens de cette classification bi-
« zarre. »

ART. 5. *Préférence à donner à la prison péni-*
tentiaire, sur les châtimens corporels et sur le
bannissement.

« Écartant pour le moment toutes les consi-
« dérations d'humanité et de philanthropie, nous
« devons regarder les avantages de la prison

---

(1) C'est pour ce motif qu'on ne peut toucher à un Code
pénal sans détruire l'ensemble de son essence.

« pénitentiaire sous le rapport de notre intérêt
« et de sa nécessité. On revient sur les châti-
« mens corporels, sur le bannissement; on croit
« y trouver plus de sûreté, et on se trompe.
« Quelques heures d'un supplice barbare sont
« plus promptement oubliées; elles impriment
« moins de terreur contre la récidive, que la dé-
« tention prolongée et la sévérité du régime pé-
« nitentiaire. »

Si le supplice du fouet est inefficace et barbare, le bannissement l'est plus encore; il nous
rend injustes, car nous rejetons sur nos voisins,
et à leur insu, des individus nuisibles : la civilisation moderne a. mis un terme à ces odieux
abus. On a mieux compris ce que les états se
devaient dans un intérêt bien entendu de réciprocité, et on a reconnu que renfermer les bri-
gands pour se soustraire à leur rançonnement et
tenter leur réforme était à la fin le parti le plus
sûr, le plus humain et le plus économique.

Il serait trop long de transcrire ici l'autre rapport très étendu du même conseiller Dumont, du
5 janvier 1823, qui précéda la délibération de la
loi du 28 du même mois, car on peut le lire à la
page 290 du premier volume de l'ouvrage de
M. Lucas, et nous nous contenterons de donner
ici

1°. La loi du 28 janvier 1823 sur le régime
intérieur des prisons à Genève;

2°. Les dispositions réglémentaires concernant

les détenus de la prison pénitentiaire genevoise, que M. Lucas a omis de transcrire;

3°. Les lois et les réglemens sur les détenus dans la maison pénitentiaire de Lausanne, que M. Lucas n'a pas jugé à propos de rapporter.

Nous ajouterons quelques notes utiles à l'établissement du système pénitentiaire, sans trop d'étendue dans les détails, pour ne pas fatiguer nos lecteurs.

LOI

DU CONSEIL REPRÉSENTATIF ET SOUVERAIN DE LA RÉPUBLIQUE DE GENÈVE, SUR LE RÉGIME INTÉRIEUR DES PRISONS,

DU 28 FÉVRIER 1825.

CHAPITRE PREMIER.

Division des Prisonniers.

ART. 1er. Les deux prisons du canton sont désignées, l'une sous le nom de *maison de détention,* et l'autre sous celui de *prison pénitentiaire.*

ART. 2. La *maison de détention* renfermera :

1°. Les prévenus et les accusés; (1)

2°. Les prisonniers pour dettes;

3°. Les mineurs enfermés à la demande de leurs parens ou tuteurs, sous la sanction des syndics;

4°. Les individus de la milice condamnés pour fautes ou délits militaires;

---

(1) On aurait dû ici séparer aussi les prévenus de délit des prévenus de crime, pour éviter la corruption des premiers par les seconds.

5°. Les condamnés pour contravention aux réglemens de police, et aux arrétés du conseil d'état;

6°. Les condamnés à un emprisonnement de moins de trois mois.

Art. 3. Tous les autres condamnés (1) subiront leur peine dans la *Prison pénitentiaire*, en laissant toutefois aux tribunaux, jusqu'à ce que les cas d'exception aient été déterminés, la faculté de les envoyer à la maison de détention, par des motifs tirés de leur âge, de la nature ou des circonstances du délit.

CHAPITRE II.

Administration et surveillance.

Art. 4. L'administration des deux prisons appartient au conseil d'état, et sera spécialement exercée par trois de ses membres, sous le nom de *conseillers-inspecteurs.*

Art. 5. Le conseil d'état aura la nomination et la révocation des emplois civils et ecclésiastiques de ces établissemens.

---

(1) Nous avons reconnu dans cette prison des condamnés à vingt ans de fers, qui conservaient sur le visage la férocité de leurs crimes. A Lausanne, le fameux brigand Studman, qui s'était évadé de Berne et autres prisons, est d'une telle force, qu'on fut obligé de doubler la porte de sa cellule en fer. Voyez là l'espoir des grands criminels qu'on conserve en vie.... C'est l'évasion.

Art. 6. La loi constitue visiteurs honoraires :

1°. Les juges; 2°. douze membres du conseil représentatif, tirés au sort annuellement entre ceux qui se seront inscrits pour ce service, ou, à défaut d'inscription, entre tous les membres de ce conseil. (1)

Il sera tenu, dans chacun des établissemens, un registre particulier sur lequel les visiteurs honoraires inscriront leurs observations.

CHAPITRE III.

De la Prison pénitentiaire. (2)

SECTION PREMIÈRE.

RÈGLES GÉNÉRALES.

Art. 7. Le signalement de chaque prisonnier sera inséré dans le registre qui contient l'ordre de l'entrée et le jugement rendu contre lui.

Art. 8. Chaque prisonnier occupera pendant la nuit une cellule séparée. Si l'on est forcé de s'écarter de cette règle, on devra réunir au moins trois prisonniers dans la même chambre (3), et chacun dans un lit différent.

---

(1) Tous les citoyens qui aiment leur patrie doivent s'empresser de remplir les fonctions de visiteur.

(2) Les femmes ne sont pas encore admises au régime pénitentiaire; elles sont confondues entre elles dans le local ancien de la ville.

(3) Il en résultait de graves inconvéniens.

ART. 9. Le silence sera observé par les prisonniers dans les cellules. (1)

ART. 10. Les prisonniers ne pourront pas être renfermés dans la cellule de nuit plus de neuf heures en été, et plus de douze heures en hiver.

ART. 11. L'administration des prisons déterminera d'après quelles règles les prisonniers seront classés dans des quartiers distincts, selon leur âge et leur sexe, et selon la nature du délit. (2)

ART. 12. Les condamnés à la réclusion et aux travaux forcés auront un costume pénal qui variera selon la nature de la peine.

ART. 13. Les prisonniers ne seront chargés d'aucuns fers, sauf dans le cas prévu par l'article 36.

ART. 14. Tous jeux de cartes et de hasard sont interdits.

ART. 15. Toutes les boissons spiritueuses sont défendues; toutefois, elles pourront être accordées par ordonnance du médecin.

ART. 16. Les effets qu'un détenu aurait avec lui à son entrée à la prison, et qui ne seraient pas nécessaires à son usage, seront inventoriés

_____

(1) La position des cellules est différente; elle est plus saine à Genève qu'à Lausanne. (*Voyez* les plans donnés.)

(2) On n'aurait pas dû laisser à l'administration ce pouvoir arbitraire; on aurait dû assigner les plus pénibles travaux aux criminels.

en sa présence, et vendus pour acquitter ce qu'il doit, ou consignés dans un magasin pour lui être rendus à sa sortie.

ART. 17. Tout prêt d'argent est défendu entre les prisonniers. (1)

Il est interdit aux employés de la prison de leur faire aucune avance, et d'en rien recevoir.

ART. 18. Si un prisonnier adressait des paroles injurieuses aux employés de la prison, ceux-ci porteront leur plainte, en évitant de répondre.

Toutes familiarités et expressions dures ou injurieuses envers les prisonniers leur sont expressément défendues.

ART. 19. Les dispositions législatives et réglementaires concernant les détenus resteront constamment affichées dans les ateliers. (2)

ART. 20. Il sera tenu un livre intitulé : *Répertoire de la conduite des Prisonniers*, dans lequel chacun d'eux aura un compte ouvert; l'on y consignera, sous des chefs distincts, soit les actes d'une conduite méritoire, soit les fautes qu'ils auraient commises, et les punitions qu'ils auraient encourues. Rien n'y sera inscrit qu'avec l'approbation des conseillers-inspecteurs.

---

(1) Il faut laisser le moins possible d'argent disponible aux détenus, pour éviter la corruption des geoliers.

(2) La loi étant connue sera mieux observée; ce qui devrait être pour toutes les lois pénales.

SECTION II.

DU TRAVAIL.

ART. 21. Les détenus dans la prison pénitentiaire seront assujettis au travail qui leur sera prescrit.

ART. 22. Le silence sera observé dans les ateliers, sauf les explications nécessaires aux travaux. (1)

ART. 23. Le produit du travail des prisonniers appartient à l'état. (2)

Le prix du travail de chacun d'eux sera réglé par les conseillers-inspecteurs, et réparti comme suit :

Une moitié pour l'établissement;

Un quart à la disposition du prisonnier, à titre d'encouragement;

Un quart pour un fonds de réserve, qui sera

---

(1) Le silence est le moyen le plus propre à la correction des mœurs, mais il faut de l'exactitude et de la fermeté pour qu'il soit rigoureusement maintenu.

(2) Des registres de comptabilité, il résulte que la maison de Genève est à la charge de l'état; que, en 1830, la dépense à Lausanne, pour soixante et onze condamnés, fut de 24,000 francs, et le produit du travail de 9,000 francs, déficit 15,000 francs à la charge du canton. Pour éviter cet impôt, il faudrait réunir deux cantons au moins à chaque maison, et partager le produit du travail en cinq portions, dont trois pour l'entretien des condamnés, et deux à leur disponibilité, notamment pour les condamnés criminels à plus de cinq ans de force.

employé à l'avantage du prisonnier à sa sortie. En cas de mort du prisonnier sans enfans, ce fonds de réserve reste à la disposition de l'administration.

Art. 24. Aucun des employés de la prison ne pourra faire de profit sur les objets fournis aux prisonniers.

SECTION III.

DISPOSITIONS PÉNALES.

Art. 25. Les peines, pour les contraventions prévues par la présente section, seront prononcées de la seule et pleine autorité des conseillers-inspecteurs, dans les limites ci-après considérées comme un maximum. (1)

Art. 26. Pour désobéissance, clameurs, insulte ou querelle : — la cellule solitaire ou la cellule (2) ténébreuse, et le régime du pain et de l'eau jusqu'à six jours. La peine pourra être réduite, si, dans l'intervalle, le coupable a fait les soumissions convenables.

Art. 27. Pour violence accompagnée de coups entre les détenus : — même peine jusqu'à dix jours; en cas de récidive, jusqu'à vingt jours.

---

(1) Cette punition doit être prompte pour maintenir la subordination envers des hommes peu habitués à dompter leurs passions, et par cela même plus difficiles à gouverner.

(2) Nous avons été assuré que ce châtiment est efficace, sans user du fouet, comme en Amérique.

12

Art. 28. Pour conduite outrageuse ou menaçante contre les supérieurs : — même peine pendant un mois. Cette peine pourra être réduite si,
dans l'intervalle, le coupable a fait les soumissions convenables.

Art. 29. Pour filouterie : — cellule solitaire ou
ténébreuse, et régime du pain et de l'eau jusqu'à
dix jours, amende jusqu'au quadruple de la valeur de l'objet volé, retenue sur l'allouance journalière faite au délinquant. En cas de récidive,
la peine pourra être doublée.

Art. 30. Pour refus obstiné de travail : — cellule ténébreuse et régime du pain et de l'eau jusqu'à la soumission du coupable. (1)

Art. 31. Pour dégât volontaire : — cellule ténébreuse et régime du pain et de l'eau jusqu'à
trois jours, le dommage retenu sur l'allouance
journalière faite au délinquant.

Art. 32. Pour tentative d'évasion : — cellule
solitaire ou cellule ténébreuse et régime du pain
et de l'eau jusqu'à un mois.

Art. 33. La peine de la cellule ténébreuse ne
pourra pas durer plus de six jours de suite.

Le régime du pain et de l'eau ne pourra jamais
avoir lieu plus de trois jours de suite, et plus de
vingt jours dans un mois.

Art. 34. Les conseillers-inspecteurs devront

---

(1) De proches rapports existent entre les réglemens des
deux maisons par nous visitées.

déférer au procureur général, pour être procédé conformément aux lois ordinaires, tous les délits ou crimes autres que ceux mentionnés ci-dessus, dont les prisonniers se rendraient coupables. Ils devront en agir de même dans ceux des cas mentionnés aux articles précédens qui leur paraîtraient trop graves pour en connaître eux-mêmes.

ART. 35. Le directeur de la prison est autorisé à renfermer provisoirement dans la cellule ténébreuse tout prisonnier insolent, ou qui compromettrait la sûreté de la prison, à la charge d'en faire rapport, dans les vingt-quatre heures, aux conseillers-inspecteurs.

ART. 36. Les conseillers-inspecteurs sont autorisés à faire mettre les fers aux prisonniers, toutes les fois que la sûreté de la prison l'exigera.

SECTION IV.

RÉDUCTION DE LA DURÉE DE LA DÉTENTION.

ART. 37. La bonne conduite des prisonniers (1) pourra donner lieu à réduire la durée de leur détention. Ce pouvoir sera exercé par une com-

---

(1) Toute action méritoire d'avoir empêché l'évasion d'un détenu, d'avoir résisté à une rébellion, d'avoir révélé un complot, d'avoir sauvé la vie à un individu, donnerait lieu à la diminution d'un an de peine : on se tiendrait en garde contre des faveurs sollicitées par des protections ou des recommandations.

mission dont la loi détermine la composition et les attributions.

ART. 38. Cette commission, qui portera le nom de *Commission de recours*, sera composée comme suit :

1º. Le syndic-président du tribunal de recours ;

2º. Deux des conseillers-inspecteurs ;

3º. Le président criminel de la cour suprême;

4º. Le lieutenant de police ;

5º. Les quatre membres du conseil représentatif désignés les premiers par le sort pour siéger dans le tribunal de recours.

ART. 39. L'ensemble de la conduite des prisonniers sera examiné par les conseillers-inspecteurs, à des époques qui seront fixées par le réglement; le résultat de cet examen sera consigné dans le *Répertoire* prescrit par l'article 20.

ART. 40. Après avoir achevé les deux tiers de leur détention, les prisonniers qui auraient été condamnés à plus d'un an, seront admis à présenter à la commission de recours leur requête en libération. (1)

ART. 41. La détention perpétuelle sera assimilée à une détention de trente ans, pour ce qui

(1) Cette règle est préférable à celle de Lausanne, où les années sont lunaires, c'est-à-dire de onze mois.

concerne la faculté et le mode de réduction de la peine. (1)

Art. 42. La commission de recours se réunira dans la prison, et devra siéger au nombre de neuf ou de sept membres. Il sera pourvu au remplacement de la manière suivante :

Le syndic et les conseillers-inspecteurs seront remplacés par les membres du conseil d'état faisant partie du tribunal de recours, en suivant l'ordre du tableau ;

Le président criminel et le lieutenant de police, par celui des juges le premier en rang ;

Les membres du conseil représentatif, dans l'ordre du tirage au sort.

Art. 43. Le greffier de la cour suprême remplira les fonctions de secrétaire de la commission de recours ; le procès-verbal des délibérations sera signé par le président et le secrétaire.

Art. 44. L'examen de la commission roulera sur les notes relatives à la conduite du prisonnier, et sur ses moyens de subsistance. La commission pourra entendre les diverses personnes employées à la direction et à la surveillance de la prison. (2)

---

(1) Point de grâce pour les grands criminels ; ils sont indignes d'habiter une maison pénitentiaire.

(2) L'avis du tribunal qui a jugé le condamné, qui connaît la nature et les circonstances de son crime, serait bien plus rassurant pour ne pas hasarder une grâce.

ART. 45. La commission pourra prononcer la libération immédiate, ou rejeter la requête, ou fixer un terme après lequel il sera permis au détenu de la présenter de nouveau.

La décision de la commission devra être motivée, et sera lue dans les divers quartiers de la prison.

ART. 46. Tout prisonnier libéré pour bonne conduite recevra un certificat motivé de sa libération.

SECTION V.

DISPOSITION RELATIVE AU TRIBUNAL DE RECOURS.

ART. 47. Le recours pour obtenir une réduction dans la durée de la détention, ne pourra plus être porté devant le tribunal de recours après les trois jours qui suivront l'arrêt de condamnation.

L'article 3o de la loi du 20 février 1816 est abrogé en ce qu'il aurait de contraire au présent article.

CHAPITRE IV.

De la Maison de Détention.

ART. 48. Les personnes en état de prévention ou d'accusation ne seront soumises à aucune rigueur au-delà de ce qui est nécessaire pour leur sauvegarde; elles ne seront mises au secret que si l'instruction de la procédure l'exige.

ART. 49. Les conseillers-inspecteurs devront classer dans des quartiers séparés les divers individus renfermés dans la prison de détention. (1)

ART. 50. Les détenus qui sont à la charge de l'établissement seront soumis au régime et au travail prescrits par le réglement. Le prix de ce travail sera réparti conformément aux dispositions de l'article 23.

ART. 51. Les dispositions de la section III du chapitre III seront applicables à la maison de détention ; celles de l'article 20 et de la section IV dudit chapitre III y seront pareillement observées à l'égard des individus condamnés à une détention de plus d'un an.

CHAPITRE V.

Dispositions réservées au Conseil d'État.

ART. 52. Le conseil d'état est autorisé à suspendre, par voie de réglement, l'envoi dans la prison pénitentiaire, des femmes qui, par la nature de leur condamnation, devraient y subir leur peine, et à les faire renfermer dans la maison de détention, dans un quartier complétement

---

(1) Article 706 de la loi de procédure civile genevoise :

« Les débiteurs seront détenus dans une partie de la prison distincte de celle qui sera destinée aux prévenus, accusés ou condamnés pour délit.

« Ils auront la faculté de s'y livrer à tout genre d'occupations qui ne serait pas incompatible avec le régime des prisons. »

séparé des hommes, où elles devront être soumises aux règles de la prison pénitentiaire. (1)

ART. 53. Le conseil d'état fera établir dans
une portion de la maison de détention un quartier dit de *Correction*, pour recevoir les personnes qui, d'après la loi du 12 janvier 1817,
peuvent y être renfermées sur un ordre du lieutenant de police.

ART. 54. Le conseil d'état statuera sur ce
qui concerne le service religieux pour les deux
cultes.

ART. 55. Le conseil d'état déterminera de
même tout ce qui concerne les instructions élémentaires, religieuses, morales ou industrielles,
qui pourront être données aux prisonniers.

ART. 56. Le conseil d'état fera tous les autres
réglemens nécessaires au développement et à
l'exécution de la présente loi.

ART. 57. Les dispositions de la présente loi ne
recevront leur application qu'à dater du jour où
la translation dans la prison pénitentiaire aura
été ordonnée par le conseil d'état.

---

(1) Pourquoi exclure les femmes du bienfait de la correction des mœurs qu'on procure dans la maison pénitentiaire?

CHAPITRE VI.

Révision de la Loi.

ART. 58. La présente loi sera revue au plus tard dans la session de mai 1830. (1)

CHAPITRE VII.

Dispositions transitoires.

ART. 59. Les individus condamnés aux travaux forcés ou à la réclusion, actuellement renfermés dans la prison de détention, seront transférés dans la prison pénitentiaire.

ART. 60. Il en sera de même des individus condamnés correctionnellement qui auraient encore plus de six mois de prison à subir, à dater du jour où la translation dans la prison pénitentiaire aura été ordonnée par le conseil d'état.

Toutefois, ces derniers auront le droit de se pourvoir auprès de la *commission de recours*, pour en obtenir de finir le temps de leur peine dans la maison de détention. (2)

ART. 61. Les dispositions relatives à la réduction de la durée de la détention dans les deux prisons ne seront applicables que trois mois après la translation dans la prison pénitentiaire.

---

(1) En août 1831, la révision n'avait pas encore eu lieu, preuve de sa bonté et efficacité.

(2) *Voyez* loi 7, *Cod. de Legibus*, déjà citée à la page 70.

Art. 62. Les condamnés à des peines afflictives ou infamantes, qui, lors de ladite translation, auraient encore le droit de se pourvoir en grâce auprès du tribunal de recours, auront l'option de s'adresser audit tribunal ou à la commission de recours créée par l'article 37.

Pour donner, autant que possible, une idée exacte et complète de l'administration et du régime intérieur de la prison pénitentiaire, nous ajoutons à la loi quelques dispositions réglémentaires concernant les détenus, extraites du réglement général.

DISPOSITIONS RÉGLÉMENTAIRES

CONCERNANT LES DÉTENUS DE LA PRISON PÉNITEN-
TIAIRE DE GENÈVE. (1)

Réglement de service.

Art. 1er. La nourriture des prisonniers sera :
1°. Le matin, une soupe et du pain ;
2°. A dîner, du légume et du pain ;
3°. Le soir, une soupe et du pain.

---

(1) La prison contient cinquante-quatre détenus au plus ; elle est sous la direction d'une commission de dix membres, d'un comité chargé de l'instruction morale et des fonds de secours des prisonniers à l'époque de leur libération, enfin, de douze visiteurs honoraires qui veillent à l'exécution des lois.

La quantité de pain qu'ils pourront chacun consommer, y compris celui de la soupe, sera par jour de vingt et une onces.

Le jeudi et le dimanche ils auront chacun demi-livre de viande à dîner.

Art. 2. Les malades placés à l'infirmerie sont nourris de la manière prescrite par le médecin.

Art. 3. Les couvertures seront blanchies au moins une fois par an; chaque détenu battra ses couvertures une fois par mois.

Art. 4. L'on changera pour les blanchir, 1°. tous les huit jours les essuie-mains, les chemises, les mouchoirs de poche, les bonnets de nuit et les bas de fil; 2°. tous les quinze jours les bas de laine et les mouchoirs de cou; 3°. tous les mois les draps de lit.

Art. 5. Le samedi soir de chaque semaine, le directeur fera placer par un des portiers, dans chaque cellule, les linges blancs, et le dimanche matin il fera retirer les linges sales et les reconnaîtra.

Quant aux essuie-mains, le directeur les fait changer le dimanche matin, et reconnaît les sales que le portier lui rapporte.

S'il manquait quelque linge ou s'il y avait quelque dommage, il recherchera aussitôt quel en est l'auteur, pour le rendre responsable de la perte ou du dommage, et en préviendra la section du régime intérieur.

Art. 6. Les habillemens qui seraient fournis par l'administration aux condamnés correctionnellement, seront en mi-laine, fond gris, tout uni.

Art. 7. Le costume pénal prescrit par l'art. 12 de la loi du 28 janvier 1825, sera, au quartier *criminel*,

1°. Pour les condamnés aux travaux forcés, en mi-laine, fond gris, avec des raies jaunes d'un pouce de large, et à six pouces de distance;

2°. Pour les condamnés à la réclusion, en mi-laine, fond gris avec des raies noires de même largeur et à la même distance.

Art. 8. Les linges et habillemens d'un prisonnier consistent dans une paire de souliers, trois paires de bas de laine, deux paires de guêtres de triège, six chemises, six mouchoirs de poche, trois mouchoirs de cou, six bonnets de coton pour la nuit, un bonnet, un pantalon, un gilet, une veste ronde, une capote, un pantalon de toile; le tout en mi-laine.

En été on retire des mains du prisonnier le pantalon, la capote et les bas de laine, et on lui livre le pantalon de toile et les guêtres. En hiver on retire le pantalon de toile et les guêtres, et on rend le pantalon, la capote et les bas de laine.

Art. 9. On fournit de plus aux hommes ainsi

qu'aux femmes pour leur usage personnel dans leurs cellules :

Une vergette pour l'habillement, une vergette pour les souliers, un peigne, un balai, une cuvette, un pot à eau, un vase de nuit, une chaise, un essuie-main.

ART. 10. Le lit de chaque prisonnier consiste dans un cadre en bois, garni d'une toile, supporté par une forme en fer et des piliers de roche.

Réglement intérieur et de police.

ART. 11. Les hommes condamnés à la peine, soit des travaux forcés, soit de la réclusion, seront renfermés dans le quartier *criminel;* ceux condamnés à l'emprisonnement, le seront dans le quartier *correctionnel.* (1)

ART. 12. Le quartier d'*exception* sera destiné à recevoir :

1°. Les jeunes gens n'ayant pas l'âge de 16 ans accomplis lors de leur condamnation ;

2° Ceux des autres condamnés que, par des motifs tirés de leur bonne conduite ou de la nature de leur délit, la commission administrative des prisons jugera dignes d'y être placés.

----

(1) Je suis de l'avis de feu M. Dumont, qu'il faudrait mettre un sac en tête aux prévenus au moment de leur entrée en prison, pour les dérouter à l'égard des issues.

Elle pourra les faire rentrer dans les autres quartiers s'ils venaient à se mal conduire.

ART. 13. A l'instant de leur entrée dans la maison, les prisonniers seront visités par le médecin.

ART. 14. Ils seront, après la visite, conduits au bain, à moins d'ordonnance contraire du médecin : on leur coupera les cheveux, et s'ils ont de la vermine on les rasera.

Les condamnés aux travaux forcés et à la réclusion seront revêtus du costume pénal prescrit par l'article 49 du réglement sur le service de la prison.

Les condamnés à l'emprisonnement, dont les habits seraient trop sales ou trop mauvais, et qui n'en auraient pas d'autres, recevront de l'administration l'habillement dont il est parlé dans l'article 48 dudit réglement.

ART. 15. Aussitôt après le bain, les détenus seront amenés au bureau pour qu'on y prenne leur signalement, conformément à l'article 7 de la loi, et recevoir un numéro.

Chaque détenu recevra en même temps un livret, sur lequel seront inscrits tous les objets de vêtement et de coucher qui lui seront remis, et de la représentation desquels il demeurera responsable.

ART. 16. Les prisonniers que le médecin aura déclarés malades seront placés à l'infirmerie. Ceux qui seront en santé seront renfermés dans le quartier qui leur est destiné, et seront mis au régime ordinaire des détenus, et à la disposition du directeur, qui les occupera à des travaux proportionnés à leur sexe, à leur âge, à leur talent et à leurs forces, en se conformant à cet effet aux règles tracées par la commission.

ART. 17. Les habillemens qui auront été apportés par les prisonniers seront lavés et nettoyés; ceux non nécessaires à leur usage seront mis en paquets et gardés dans un magasin à ce destiné, pour leur être rendus à leur sortie de prison. Il en sera tenu un registre exact, ainsi que de tous les objets qui appartiennent à chaque prisonnier, et il lui en sera laissé une reconnaissance signée par le directeur.

ART. 18. Quant aux effets qui devront être vendus, soit au terme de l'article 16 de la loi, soit d'après la demande qu'en ferait le prisonnier, ils le seront publiquement.

Les haillons et pièces de vêtemens qui ne seraient susceptibles, ni d'être vendus, ni d'être conservés, seront brûlés ou détruits sous la surveillance du directeur et en présence du prisonnier.

ART. 19. Si les prisonniers ne rentrent pas volontairement dans l'ordre, et ne se retirent pas dans leurs cellules, sur l'injonction qui leur en serait faite par le directeur, les militaires pourront recevoir l'ordre de faire usage de leurs armes après trois sommations.

ART. 20. Dans le cas d'un désordre, les prisonniers qui auraient pu l'arrêter et ne l'auraient pas fait, seront, par cela seul, complices d'insubordination.

ART. 21. Les prisonniers ne peuvent communiquer avec leurs parens et amis qu'avec la permission du directeur, et seulement aux parloirs. A cet effet, le prisonnier et le visitant y seront séparés l'un de l'autre par une double grille disposée de manière à prévenir tout contact et toute remise d'objets.

ART. 22. Le directeur est autorisé à faire fouiller, lorsqu'il le jugera convenable, tous ceux qui entrent dans la prison ou qui en sortent. Cette visite devra être faite par des personnes de même sexe.

ART. 23. Les lettres et objets quelconques pour les détenus, seront remis préalablement au directeur, qui devra les ouvrir et les leur faire remettre s'il le juge convenable.

ART. 24. Les visites ne peuvent se prolonger au-delà d'une demi-heure, ni se renouveler avant un mois pour chaque visitant, sans la permission de l'un des conseillers-inspecteurs.

ART. 25. Les jours ouvriers, le lever des détenus aura lieu aux heures suivantes, savoir :

A 5 heures, dans les mois de mai, juin, juillet et août;

À 6 heures, dans ceux de mars, avril, septembre et octobre;

À 7 heures, dans ceux de novembre, décembre, janvier et février.

ART. 26. Les jours de travail sont employés comme suit :

En hiver (soit du 1er octobre au 31 mars), le temps qui précède le déjeuner au travail;

de 8 à 9 heures, au déjeuner et au repos;

de 9 à 1 heure, au travail et à l'instruction;

de 1 à 2 heures et demie, au dîner et au repos;

de 2 heures et demie à 6 heures, au travail;

de 6 à 7 heures, au souper et au repos;

de 7 à 9 heures, au travail.

En été (soit du 1er avril au 30 septembre), le temps qui précède le déjeuner au travail;

de 8 à 9 heures, au déjeuner et au repos;

de 9 à 2 heures, au travail et à l'instruction;

de 2 à 3 heures, au dîner et au repos;

de 3 à 7 heures et demie, au travail;

de 7 heures et demie à 8 heures et demie, au souper et au repos.

ART. 27. Chaque dimanche, de 9 heures à midi, les détenus seront rasés. Tous les trois mois, on leur coupe les cheveux, et cette opération se fait le dimanche, après celle de la barbe.

ART. 28. Au son de la première cloche, les détenus se lèveront, s'habilleront, balayeront leurs cellules, arrangeront leurs lits, mettront en état de propreté leurs habillemens, se laveront les mains et le visage, se peigneront les cheveux, et ouvriront leurs fenêtres ; ils se tiendront prêts à sortir, lorsque le chef d'atelier viendra ouvrir.

ART. 29. Au son de la seconde cloche, qui a lieu demi-heure après la première, les chefs d'ateliers vont ouvrir les cellules de leur division respective. Aussitôt que la porte est ouverte, le détenu va vider et laver son vase de nuit, et remplir sa cruche d'eau ; il rapporte le tout, et se tient sur la porte de sa cellule, sans entrer dans celle de ses camarades.

ART. 30. Lorsque tous les détenus ont achevé ce qui est prescrit dans l'article précédent, le chef les conduit à leur atelier.

Avant que de se mettre à l'ouvrage, le chef d'atelier, ou l'un des détenus, désigné par le directeur, lit une prière.

ART. 31. A la fin de chaque journée, l'un des chefs d'ateliers, ou l'un des détenus, désigné par le directeur, lit une prière.

Avant de se retirer dans les cellules, chaque prisonnier doit mettre en ordre les outils et son ouvrage.

ART. 32. Au son de la cloche du coucher, les prisonniers se rendront en bon ordre, et sans bruit, à la porte de leurs cellules, où ils resteront jusqu'à ce que les chefs d'ateliers les aient renfermés.

Il est défendu aux prisonniers d'avoir de la lumière dans leurs cellules.

Art. 33. Les chefs d'ateliers veilleront, avec la plus grande exactitude, à ce que les détenus ne circulent en aucune manière d'une cellule dans l'autre. Pendant le jour, aucun détenu ne pourra être admis dans sa cellule sans la permission du directeur, et sans la présence d'un gardien, sauf dans les cas prévus par le réglement.

L'employé de la prison qui portera la nourriture aux prisonniers renfermés dans les cellules ténébreuses, n'aura aucune conversation avec ceux-ci; il n'écoutera aucune autre demande que celle de parler au directeur.

Art. 34. Un détenu à tour reste dans chaque division pour balayer l'atelier, et mettre en état de propreté les objets communs.

Art. 35. Le directeur surveille tous les repas des détenus; il est assisté par les portiers chargés du service des repas. Il veille à l'ordre et à la propreté des ustensiles et des alimens.

Art. 36. Au son de la cloche, la porte du réfectoire est ouverte, et les détenus se rendent avec ordre à la table, qui est garnie de tous les ustensiles nécessaires, et où chaque détenu a une place qui lui est assignée.

Lorsqu'ils sont tous placés, le portier apporte les alimens; il sert ensuite aux détenus leurs portions.

Au quartier d'exception, un des prisonniers, désigné par le directeur, y remplace le portier pour le service de la table.

ART. 37. Depuis leur arrivée au réfectoire jusqu'à leur départ, les détenus gardent un silence absolu, et ne peuvent parler qu'à l'occasion de quelque demande pour le repas.

ART. 38. Lorsque le repas est fini, le portier donne l'ordre d'évacuer la table. Les détenus se lèvent les uns après les autres, et apportent aux portiers leurs ustensiles de table ; ils se retirent ensuite dans la cour, s'il fait beau ; et à l'extrémité du réfectoire, s'il pleut (1).

ART. 39. La partie du profit allouée au détenu pour son usage immédiat, ne pourra être employée qu'à des objets autorisés par le directeur. A cet effet, les chefs d'ateliers recevront deux fois par semaine toutes les demandes des prisonniers ; ils les mettront par écrit, et cette liste sera soumise à l'inspection du directeur.

Un fournisseur, nommé par la commission, procurera les objets aux détenus, aux prix les plus modérés, et, autant que possible, pour les objets les plus usuels, aux prix fixés par un tarif approuvé par la commission. Le tabac à fumer est exclu des articles que le prisonnier peut se procurer avec son pécule.

Réglement sur le travail.

ART. 40. La commission, sur le préavis de la

-----

(1) Comment empêcher qu'ils ne communiquent entre eux ? Il serait beaucoup mieux de les envoyer dans leurs cellules.

section, établira un tarif des prix à allouer aux détenus pour les différens ouvrages confectionnés dans les ateliers, et susceptibles d'être tarifés ; et pour ceux qui ne le seraient pas, elle fixera le prix de la journée du détenu.

ART. 41. La section remettra chaque mois à la commission un état du produit du travail des prisonniers, divisé en trois parties : la première indiquant la somme appartenant à l'État ; la seconde, celle en réserve pour les prisonniers, et qui doit être versée à la caisse d'épargne ; et la troisième, celle remise au prisonnier dans le courant du mois.

La commission ordonnera le versement des deux premières valeurs entre les mains du caissier, qui effectuera le dépôt de la seconde partie à la caisse d'épargne ; à la sortie du prisonnier, son compte sera réglé par la section du travail, en capital et intérêts, au taux fixé par la caisse d'épargne.

ART. 42. Si un détenu s'écarte des règles établies dans les ateliers, le directeur est autorisé à lui faire l'application de l'art. 35 de la loi.

ART. 43. Le directeur remettra à chaque détenu un livret, sur lequel son compte sera ouvert en deux colonnes : la première indiquant les valeurs mises à sa disposition ; et la seconde, celles mises en réserve pour le moment de la sortie.

ART. 44. Les chefs d'ateliers (1) doivent pré-

_____

(1) Il y a quatre chefs qui sont en même temps gardiens

venir le directeur de tout dégât ou détérioration commis par les détenus.

ART. 45. Ils surveillent les détenus, les dirigent dans leur travail, en leur donnant les instructions nécessaires, et doivent tâcher, autant que possible, de leur assigner une place fixe.

ART. 46. Ils font observer le silence et les réglemens établis dans les ateliers; en cas d'infraction, ils doivent rappeler à l'ordre avec douceur le détenu, et, en cas de récidive, en avertir immédiatement le directeur.

Réglement sur le Culte et l'Instruction.

ART. 47. Les prisonniers se rendront à la chapelle et s'y placeront, en se conformant aux ordres du directeur, qui a seul la police de la chapelle (1).

ART. 48. Ceux des prisonniers qui ne se rendront pas à la chapelle pendant le service religieux de leur communion, demeureront renfermés chacun dans leur cellule.

ART. 49. Il sera organisé dans la prison une école pour apprendre à lire, écrire et chiffrer; elle pourra être subdivisée en sections.

---

des détenus de leurs divisions, tandis que le directeur surveille tout le monde de la salle centrale d'inspection sans être vu par personne.

(1) Deux chapelains, l'un protestant, l'autre catholique, sont chargés du culte.

ART. 5o. Aucun livre ne pourra être lu ni remis aux prisonniers, sans l'autorisation de la section du culte ou de l'instruction.

REGISTRES RELATIFS A L'ADMINISTRATION INTÉRIEURE DE LA PRISON.

Les différens registres tenus dans la Prison pénitentiaire peuvent se classer sous six chefs distincts :

1°. Registres servant à établir la statistique de la prison ;

2°. Livres de ménage ou de la nourriture des détenus et des employés;

3°. Comptabilité générale de l'entretien de la maison;

4°. Celle de la section de travail entièrement distincte de la précédente;

5°. Celle du pécule des prisonniers, et de l'emploi de la portion qui en est disponible par eux ;

6°. Enfin, les différens registres principaux et auxiliaires servant à constater l'état moral de la prison.

Indiquons sommairement les registres de ces diverses catégories.

Statistique de la Prison.

1°. Registre d'écrou des détenus, contenant entre autres détails, leur signalement, et la cause de leur condamnation;

2°. Livre détaillé de l'emploi du temps, jour par jour, de chacun des prisonniers ;

3°. Livre de la sortie des détenus hors de la prison, avec des notes sur ce qu'ils font après leur libération.

Comptabilité du ménage.

1°. Livre *de population et des rations*, contenant, mois par mois, le nombre des employés, et les noms des détenus, avec l'indication, pour chaque jour du mois, de la nourriture reçue par chacun d'eux, ou *ordinaire*, ou *au pain et à l'eau*, ou *réduite d'un repas*, ou *d'un régime de malade*, déterminé par le médecin. Ce compte journalier est réglé à la fin de chaque mois;

2°. Un registre de sortie des denrées, qui fixe pour chaque espèce de denrées, d'après le livre de population, la quantité qui doit en sortir du magasin d'approvisionnement;

3°. Un registre de l'entrée des denrées, soit de la quantité des achats. On l'additionne à la fin de chaque mois, on en soustrait la quantité mentionnée par la consommation du livre n° 2, et le solde est porté en *avoir* pour le mois suivant, ce qui forme réellement un inventaire mensuel des denrées existantes.

Comptabilité générale de l'entretien de la maison.

Ces registres sont ceux d'une tenue de livres ordinaire, en partie double.

Comptabilité de la section de travail.

Seconde tenue de livres en partie double, avec quelques livres auxiliaires, pour l'achat des matières premières, et leur sortie en ouvrages confectionnés, et un livre de dépôts et de ventes des marchandises fabriquées.

Comptabilité du pécule des prisonniers, et de l'emploi de la portion disponible par eux.

1°. Un registre de comptes ouverts à chaque prisonnier pour la répartition du prix de son travail d'après la loi;

2°. Un registre pour l'emploi qu'il fait du *quart* disponible par lui, dont une partie est souvent ajoutée au fonds de réserve.

Ces livres, additionnés chaque mois, et montrés au prisonnier, lui indiquent d'un coup d'œil sa situation financière.

Registres servant à constater l'état moral de la prison.

1°. Un journal, tenu par le directeur, de la conduite bonne ou mauvaise des détenus.

Quelques exemples tirés de ce registre sur les objets auxquels on attache de l'importance, le feront mieux connaître que des explications :

Du..... 182....

Infraction au silence. NN a été conduit dans sa cellule, pour infraction au silence pendant le travail. Sorti le....

Du..... 182....

Mauvais propos au chef d'atelier. NN a été conduit dans la cellule solitaire, pour avoir tenu un mauvais propos au chef d'atelier, qui lui faisait une observation convenable.

Du...... 182....

Emploi du quart disponible. *NN* met en réserve
la totalité de son quart disponible, ou en fait
envoyer la plus grande partie à sa famille.

Du...... 182....

Bonnes dispositions. *NN* emploie une partie
de ses heures de repos à apprendre à lire à un
de ses camarades, etc., etc.

Ces exemples suffisent.

Ce registre est examiné par MM. les conseillers
d'État, inspecteurs de la prison; et après que les
notes marginales des faits qui y sont portés ont
été reconnues exactes, elles sont paraphées par
l'un d'eux, et portées au compte particulier
ouvert à chaque détenu dans le registre suivant.

2°. Répertoire de la conduite des prisonniers.

Ce registre, où chaque prisonnier a un compte
ouvert, est divisé en six colonnes :

*Service divin, culte et instruction; actes d'une
conduite méritoire; travail; fautes, reproches, etc.;
punitions prononcées et subies; observations et
résultat de l'examen prescrit par la loi.*

Dans les quatre premières colonnes, on y porte
les notes marginales approuvées.

Dans la cinquième, les punitions subies.

Dans la sixième, outre les notes sur les recours
en grâce et les sorties de la prison, MM. les
conseillers – inspecteurs y inscrivent, tous les
quatre mois, le jugement moral qu'ils portent

sur la conduite de chaque prisonnier, *bonne*, *mauvaise*, *passable*, *régulière*, et ils signent cette déclaration; la comparaison de ces différentes observations indique les modifications que présente la conduite des prisonniers.

3°. Un registre de compte moral contenant la copie exacte des rapports faits, tous les mois, par les chefs d'ateliers sur chacun des hommes de leur division, et indiquant ce qu'ils pensent de leurs dispositions et de leur caractère, d'après une observation exacte et impartiale de leur conduite.

4°. Un registre contenant encore un compte ouvert à chaque prisonnier, pour les lectures volontaires qu'ils font des ouvrages de la bibliothèque de la prison; ce qui peut servir d'indication sur leurs dispositions morales.

Telles sont les lois fondamentales et réglementaires adoptées par les législateurs genévois; il nous reste à transcrire les lois et réglement du conseil de Lausanne sur le régime pénitentiaire.

EXPLICATION DE LA PLANCHE N° I.

Maison pénitentiaire de Genève.

PLAN DU REZ-DE-CHAUSSÉE.

(1) Porche. — (2) Vestibule. — (3) Portier. — (4) Corps-de-garde. — (5) Galerie d'inspection. — (6) Petite cour d'isolement. — (7) Petite cour pour la cuisine. — (8) Chemin de ronde. — (9) Réfectoire. — (10) Ateliers. — (11) Escalier du directeur. — (12) Escalier des condamnés. —

(13) Latrines. — (14) Cour des condamnés. — (15) Porte pour la fermeture extérieure des ateliers. — (16) Sortie extérieure du chemin de ronde.

PLAN DU SECOND ÉTAGE.

(1) Infirmerie. — (2) Chapelle. — (3) Chambre de l'infirmerie. — (4) Succursale de l'infirmerie. — (5) Chambre pour les chapelains. — (6) Magasins ou serres. — (7) Escalier du comble. — (8) Galerie et passage de la chapelle de l'infirmerie. — (9) Chambre des chefs d'ateliers. — (10) Cellules. — (11) Corridors des cellules. — (12) Escaliers des cellules. — (13) Latrines. — (14) Galeries des chefs d'ateliers.

N. B. Cette forme circulaire de la maison, d'après le plan de Bentham, est très convenable, car l'inspecteur, de son salon central, peut, par des petits créneaux, surveiller le travail dans les salles.

MAISON DE DÉTENTION DU CANTON DE VAUD.

Le système pénitentiaire fut définitivement adopté à Lausanne, en 1819, pour l'exécution des jugemens criminels et correctionnels. Jadis, les Vaudois condamnés à subir une détention étaient transférés à Berne, et reclus dans ce qu'on appelait alors *le Schallwerck*.

Depuis le 5 novembre 1805, deux ans après que le canton de Vaud entra dans la pleine jouissance de son indépendance, le petit conseil créa une commission des établissemens de détention et des secours publics. En 1813, un premier projet de maison de détention fut présenté au grand conseil, qui le rejeta comme une chose

Plan de la Maison Pénitentiaire de Genève 1831.

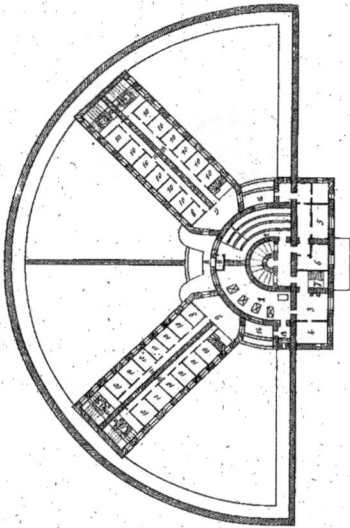

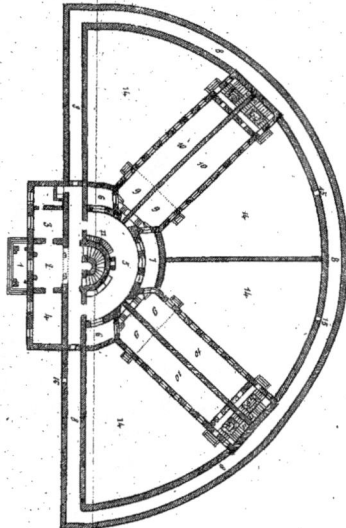

Plan du second étage.

Plan du Rez de Chaussée.

Lith. Saunier, R. St honoré, 320, Paris.

Présid. De-Grégory dessinait.

toute nouvelle. La commission ne perdit pas
courage ; révoltée du spectacle d'hommes attelés
comme des bêtes à des tombereaux et à balayer
les rues, elle conçut, après les années 1817 et
1818, désastreuses et de disette, qui augmente-
raient les crimes et conséquemment les détenus,
un nouveau projet d'envoyer les condamnés dans
le domaine cantonnal de Croisettes, où ils furent
occupés à divers défrichemens et autres travaux
agricoles, et, plus tard, les employa à préparer
le terrain où l'on se proposait de placer la nouvelle maison pénitentiaire; mais la difficulté de
maintenir la police (1) et la sûreté, obligea la
commission à y renoncer. En 1820, on accéléra
la fondation; en mars 1822, la première pierre
fut mise, et en 1826 la maison fut habitée. Les frais
d'achat de terrain, de construction, d'ameuble-
ment, etc., s'élevèrent à la somme de 348,000 fr.
en totalité (2).

Nous donnerons la description de cette maison, accompagnée d'un plan assez exact, et tel
que M. Chavannes, professeur à l'académie de
Lausanne, membre du grand conseil et de plu-

---

(1) Un des principaux écueils contre l'établissement des
colonies agricoles.

(2) Le canton de Berne avait voté des fonds pour un
établissement semblable; il attend, avant d'en arrêter définitivement la construction, de pouvoir s'aider de l'expérience qu'auraient acquise ses confédérés.

sieurs sociétés savantes, eut la bonté de nous l'envoyer, en observant que l'isolement des détenus dans les cellules n'est pas complet, car ils arrivent aux fenêtres, et ils ont appris à se hisser jusqu'à leurs barreaux, et de jour et de nuit des communications se sont établies entre les voisins.

LÉGISLATION SUR LE RÉGIME PÉNITENTIAIRE DANS LE CANTON DE VAUD (1), DE LA CONFÉDÉRATION HELVÉTIQUE.
18 MAI 1825.

Le grand conseil, sur la proposition du conseil

---

(1) *A M. le chevalier De Grégory, Président honoraire de la Cour royale d'Aix, à Paris.*

Extrait de la lettre de M. le général de La Harpe, conseiller privé de S. M. l'empereur de Russie :

Lausanne, 3 décembre 1832.

« MONSIEUR LE CHEVALIER,

« Aussitôt après la réception de la lettre que vous m'avez « fait l'honneur de m'adresser le 23 novembre, je me suis « empressé de satisfaire à vos désirs.

« Aujourd'hui je vous expédie sous bande ce qui a été « rendu public sur nos établissemens pénitentiaires et de « détention : cet envoi consiste en 124 pages in-8.

« Vous trouverez dans celle-ci : 1°. la loi du 18 mai 1825 « et l'arrêté du conseil d'État du 9 décembre même année, « contenant la première organisation provisoire de la mai- « son de détention; 2°. une réponse que mon respectable « ami M. le professeur Chavannes, vice-président de la « commission des établissemens de détention, etc., m'ad'État, considérant que pour organiser de la manière la plus convenable la maison de force

---

« dresse. Si vous voulez bien la lire, ainsi que les deux « notes explicatives, vous serez au courant.

« Comme l'établissement de notre maison pénitentiaire « était tout-à-fait nouveau, et *le premier en date qu'on ait* « *hasardé en Suisse*, le gouvernement du canton de Vaud a « compris qu'il était prudent d'ajourner la présentation de « la loi qui doit le régir définitivement, jusqu'à ce que « l'expérience eût fait connaître les faits bien constatés sur « lesquels elle doit reposer. Le grand conseil crut donc « qu'il était sage d'accorder au conseil d'état des pouvoirs « extraordinaires pour organiser provisoirement l'établisse- « ment en question, à condition qu'il lui en serait rendu « compte dans ses sessions annuelles.

« C'est en conséquence de cette manière de voir que les « pouvoirs accordés au conseil d'État le 18 mai 1825 furent « renouvelés le 2 juin 1828, le 12 mai 1830, et finalement « le 22 mai 1832.

« Notre révision constitutionnelle ayant nécessité des tra- « vaux législatifs multipliés pour mettre en harmonie avec « elle notre législation précédente, le décret précité du « 22 mai 1832 a prolongé les pouvoirs du conseil d'État « jusqu'au 1er janvier 1834.

« Les années précédentes n'ont donc été que des années « d'expérience qui fourniront des moyens de corriger, d'a- « méliorer et de proposer enfin une bonne loi définitive « applicable à notre position actuelle : jusqu'ici tout n'a été « que provisoire.

« Je désire beaucoup, Monsieur, que mon envoi vous « satisfasse : j'espère au moins qu'il vous inspirera un peu « de confiance dans notre administration, etc.

« *Signé* Frédéric César DE LA HARPE. »

et de correction, il importe de consulter l'expérience (1), décrète :

ART. 1er. Le conseil d'État est autorisé à organiser provisoirement l'administration et le régime des maisons de force et de correction de la manière qui lui paraîtra la plus propre à obtenir le but qu'on s'est proposé par la construction des bâtimens destinés à ces deux établissemens.

ART. 2. Les pouvoirs accordés, à ce sujet, au conseil d'État, finiront de plein droit au 1er juillet 1828.

ART. 3. Le conseil d'État est chargé de la publication et de l'exécution du présent décret.

Donné, sous le grand sceau de l'État, à Lausanne, le 18 mai 1825.

Le landamman en charge, J. MURET.
Le secrétaire, Dan.-Alex. CHAVANNES.

Le conseil d'État ordonne que le présent décret soit imprimé, publié et affiché, pour être exécuté dans tout son contenu les jour et an ci-dessus.

Le landamman, J. MURET.

---

(1) *Experientia rerum magistra;* cette maxime est d'autant plus applicable à la magistrature dans laquelle il faut être initié dès sa première jeunesse. Il faut par un long stage acquérir cette philosophie légale, cette froideur d'esprit, cette impartialité de jugement, qu'à un âge plus mûr, et après être lancé dans le barreau, on obtient rarement.

ARRÊTÉ DU CONSEIL D'ÉTAT DU CANTON DE VAUD.

9 DÉCEMBRE 1825.

Vu le décret du 18 mai 1825, portant (*ut supra*), ouï le département de justice et de police, ARRÊTE :

ART. 1er. La commission des établissemens de détention et de secours publics est composée d'un membre du conseil d'état, président; d'un directeur vice-président; d'un pasteur qui réside à Lausanne; d'un membre du conseil de santé, et de trois autres membres. Elle aura un secrétaire, un sous-secrétaire, et un huissier; ils sont nommés par le conseil d'état.

ART. 2. Le vice-président est chargé de la surveillance générale des établissemens et des affaires courantes ou de simple exécution; ses fonctions particulières sont déterminées par un réglement.

ART. 3. Un membre de la commission, sous le titre de *contrôleur,* est spécialement chargé de la surveillance immédiate et journalière des maisons de force et de correction; cette surveillance s'étend sur la police intérieure, sur le régime des détenus, sur les travaux auxquels ils sont assujettis, et sur la comptabilité.

Un autre membre, aussi sous le titre de *contrôleur,* est spécialement chargé de la surveillance immédiate et journalière de l'hospice cantonnal

14

et de la maison des aliénés; cette surveillance s'étend sur la police intérieure, sur les approvisionnemens, et sur la comptabilité.

Les fonctions particulières de ces deux membres sont l'objet d'un réglement (1).

Art. 4. Un membre de la commission, désigné par le conseil d'état, est chargé des caisses des établissemens de détention et de secours publics: il fournit caution.

Art. 5. Le pasteur est chargé de la partie morale et de l'instruction religieuse dans les maisons de force et de détention; il porte les secours de la religion dans les établissemens de bienfaisance qui relèvent de l'administration. Un réglement spécial déterminera plus particulièrement ses fonctions.

Art. 6. Le pasteur aura son logement dans l'une des maisons qui tiennent à l'enclos de la maison de force, ainsi qu'un jardin et un plantage dans cet enclos; il sera, aussi long-temps que la loi n'en aura pas statué autrement, sur le pied établi pour les autres pasteurs du canton, sauf les modifications qui pourraient être apportées par le réglement qui sera fait.

Art. 7. Il y a un inspecteur pour les maisons de force et de correction. Il y a de même un in-

_____

(1) On a sagement renvoyé à un réglement particulier tous les détails, dont la loi ne doit jamais s'occuper.

specteur pour l'hospice cantonnal, et un inspecteur pour la maison des aliénés.

ART. 8. Ces inspecteurs sont sous la surveillance immédiate de la commission ; ils sont nommés par le conseil d'état sur la proposition triple de la commission.

Un réglement spécial déterminera leurs fonctions.

ART. 9. La commission nomme les employés subalternes des établissemens de détention. Elle nomme pareillement ceux de l'hospice et de la maison des aliénés.

Le nombre et les fonctions de ces employés sont déterminés par un réglement particulier.

ART. 10. Il y a deux officiers de santé attachés aux établissemens de détention et de secours publics. Ils sont nommés par le conseil d'état.

ART. 11. Une commission composée : du landammann, vice-président du conseil d'état ; du président du tribunal d'appel, de deux présidens de tribunaux de districts, et de l'un des doyens des classes, fait chaque année, à une époque déterminée, la visite des maisons de force et de correction.

Cette visite s'étend sur l'ordre et la police intérieure de ces maisons, sur le régime des détenus, et sur les travaux auxquels ils sont assujettis ; elle fait un rapport par écrit au conseil d'état.

ART. 12. La même commission, à laquelle se

réunissent le vice-président et le pasteur, s'occupe de l'examen de la conduite de chaque détenu, délibère dans la mesure de sa compétence,
qui sera fixée par un réglement spécial, sur les
récompenses et les peines qu'il aura méritées.

Elle fait de même au conseil d'état un rapport
par écrit de cette opération.

Cette commission est autorisée à choisir un
secrétaire, soit dans son sein, soit hors de son
sein.

ART. 13. Le travail qui se fait dans la maison
de force et de correction est au compte de l'état
et à son profit, sauf la part allouée aux détenus
pour leur pécule, d'après les réglemens existans.

ART. 14. Dans le choix des métiers auxquels
on applique les détenus, on aura moins égard à
l'intérêt de la maison qu'au but de leur procurer,
à leur rentrée dans la société, un moyen de
pourvoir à leurs besoins.

ART. 15. Le présent arrêté sera imprimé, publié et affiché.

Donné sous le sceau du conseil d'état, à Lausanne, le 9 décembre 1825.

ARRÊTÉ DU CONSEIL D'ÉTAT DU CANTON DE VAUD.

2 FÉVRIER 1826.

Vu les dispositions des articles 2, 3 et 5, de
l'arrêté du 9 décembre 1825, sur l'organisation
de la commission des établissemens de détention
et de secours publics, portant que les fonctions

particulières du vice-président, du contrôleur des maisons de force et de correction, du contrôleur de l'hospice cantonnal et de la maison des aliénés, et celles du pasteur, sont déterminées par des réglemens spéciaux ;

Vu aussi l'art. 4, qui charge un des membres de la commission des caisses de ces établissemens ;

Ouï le département de justice et police, ARRÊTE :

CHAPITRE PREMIER.

Des fonctions particulières du Vice-Président de la commission.

ART. 1er. Le vice-président est chargé de la surveillance générale des établissemens et des affaires courantes ou de simple exécution. (*Arrêté, article 2.*)

Il préside, en l'absence du président, les assemblées et délégations de cette commission.

ART. 2. Il reçoit les lettres et paquets, et les ouvre, afin de pouvoir, dans les cas pressans, soit à la convocation extraordinaire de la commission, si l'objet l'exige, soit à l'exécution de leur contenu, comme lorsqu'il s'agit d'actes d'admission à l'hospice ou aux aliénés, de l'envoi de groupes aux divers caissiers de la commission.

ART. 3. Dans les cas qui exigent une assemblée extraordinaire de la commission, le vice-président transmet de suite au président les lettres et avis qui lui paraissent donner lieu à une telle assemblée ; et si le président est absent, ou s'il renvoie l'objet au vice-président pour faire le nécessaire, ce dernier pourvoit lui-même à cette convocation.

Art. 4. Le vice-président remet à chaque séance, au président, toutes les lettres qu'il a reçues pour la commission ; et en cas d'absence de celui-ci, il fait lui-même alors lecture de ces lettres à la commission, met en délibération les objets qui l'exigent, et fait inscrire le résultat sur le protocole des séances de la commission.

Art. 5. En l'absence du président, ou lorsque celui-ci lui en laisse le soin, le vice-président examine la rédaction des lettres à expédier, les corrige s'il y a lieu, les signe, et en soigne l'expédition.

Art. 6. Il rédige lui-même les lettres, rapports ou mémoires d'une importance majeure.

Art. 7. Il est membre nécessaire de toutes les commissions particulières, et surtout de celles qui concernent la comptabilité.

Art. 8. Il préside la délégation chargée de faire, une fois chaque mois, l'examen et le contrôle des livres de ménage des trois inspecteurs, et y appose son visa.

Art. 9. Il vise de même tous les comptes servant de pièces justificatives au caissier, après qu'ils ont été approuvés par la commission.

Art. 10. Il a soin de faire donner les ordres nécessaires pour qu'à la fin de chaque année comp-

table, les receveurs fassent parvenir à temps, à
la commission, les comptes qu'ils doivent lui
rendre.

Art. 11. Il adresse au landammann en charge
les demandes très pressantes d'admission à l'hospice, ou aux aliénés, pour obtenir un permis
d'entrée provisoire, en attendant que la commission, dans sa première assemblée, puisse donner
son préavis.

Art. 12. Il n'introduit, de sa seule autorité,
aucun individu dans l'un ou l'autre de ces établissemens.

Art. 13. Il ne peut, non plus, accorder aucune
permission de visiter des détenus à la force, à
moins qu'il ne s'agisse d'un détenu atteint d'une
maladie dangereuse.

Il ne pourra, non plus, accorder de permission de visiter les détenus à la correction, que
dans les cas qui seront déterminés par un réglement.

Art. 14. Il fait examiner régulièrement le livre
d'écrou des détenus, pour procurer leur élargis-
sement au terme fixé par la sentence.

Art. 15. Il a soin de visiter fréquemment, et en
détail, les établissemens administrés par la commission, afin de s'assurer par lui-même si les
inspecteurs et les employés subalternes remplis-
sent tous leurs devoirs avec exactitude, ainsi
que pour veiller à la conservation des bâtimens
et dépendances.

ART. 16. Il fait rapport à la commission, dans sa première assemblée, des observations auxquelles ces visites ont donné lieu.

ART. 17. Il doit veiller à ce que les écritures du bureau de la commission soient tenues à jour et en bon ordre, et à ce que les registres, documens et papiers soient placés dans l'ordre requis.

ART. 18. Il veille de même à ce que les tabelles et comptes que les inspecteurs sont appelés à tenir, le soient dans la forme qui leur est prescrite, et constamment à jour.

CHAPITRE II.

Du Contrôleur des maisons de force et de correction.

ART. 19. Un membre de la commission, sous le titre de *contrôleur*, est spécialement chargé de la surveillance immédiate et journalière des maisons de force et de correction. Cette surveillance s'étend sur la police intérieure, sur le régime des détenus, sur les travaux auxquels ils sont assujettis, et sur la comptabilité. (*Arrêté, art.* 3, §. 1er.)

ART. 20. Le contrôleur des maisons de force et de correction surveille la gestion de l'inspecteur de ces établissemens dans toutes ses parties, ainsi que sa comptabilité.

ART. 21. Il veille en tout ce qui tient à l'économie, à ce que la fidélité, l'ordre et l'exactitude règnent dans les deux maisons.

Il surveille les travaux auxquels les détenus sont assujettis, et l'emploi de leur temps.

Il visite, dans ce but, journellement et plusieurs fois même chaque jour, si cela est nécessaire, les deux maisons, et tient note de tout ce qui n'étant pas dans ses attributions, peut faire le sujet d'un rapport, soit au vice-président, soit à la commission.

Art. 22. Il dirige et surveille la comptabilité des ouvrages, ainsi que celle du pécule des détenus.

Art. 23. Il soigne l'achat des denrées et des matières, sous la direction de la commission, et surveille leur emploi.

Art. 24. Il examine et vérifie tous les comptes; il assigne sur le caissier le paiement de ceux qui se trouvent dans la mesure des crédits qui lui sont ouverts, à cet effet, par la commission, et il fait ensuite régulariser ces paiemens par des bons aux époques déterminées.

Art. 25. Il présente à l'approbation de la commission les comptes qui ne sont pas de nature à être assignés sur les crédits.

N. B. Le Chapitre III concerne les contrôleurs de l'hospice cantonnal et de la maison des aliénés.

CHAPITRE IV.

Du Caissier.

Art. 32. Un membre de la commission, désigné par le conseil d'état, est chargé des caisses des établissemens de détention et de secours publics. Il fournit caution. (*Arrêté, article* 4.)

Art. 33. Le caissier de la commission a deux

caisses distinctes : l'une pour les maisons de force et de correction, l'autre pour l'hospice cantonnal et la maison des aliénés.

ART. 34. Il a pour chacune un livre de caisse, où il inscrit par ordre de date ses recettes et paiemens.

Tous les trimestres, il arrête ses comptes, dont il présente le résultat à la commission.

ART. 35. Il fait rentrer les sommes qui sont assignées à la commission par le département des finances, pour le service des maisons de force et de correction, ainsi qu'en supplément pour celui de l'hospice cantonnal et de la maison des aliénés.

ART. 36. Il procure pareillement la rentrée des revenus spécialement affectés à l'hospice cantonnal et à la maison des aliénés, soit que la perception se fasse directement, soit qu'elle ait lieu par l'intermédiaire de l'intendant général des péages ou des receveurs de district.

ART. 37. A l'échéance de chaque trimestre, il pourvoit au paiement des indemnités et salaires fixes des membres de la commission, des officiers de santé et des employés.

ART. 38. Il paie sur les crédits ouverts aux contrôleurs des deux établissemens, conformément aux art. 25 et 32 du présent arrêté, les comptes des dépenses courantes qui sont assignées sur ces crédits, et il veille à ce que ces paiemens soient régularisés par des bons de la commission, aux époques déterminées.

Art. 39. Tous les autres paiemens que la caisse peut être dans le cas d'effectuer, sont assignés par un mandat spécial de la commission.

Art. 40. Hors les paiemens prévus par les trois articles précédens, le caissier ne peut déplacer aucuns fonds; il ne peut, non plus, anticiper aucun paiement.

CHAPITRE V.

Du Pasteur.

Art. 41. Le pasteur est chargé de la partie morale et de l'instruction religieuse dans les maisons de force et de détention. Il porte les secours de la religion dans les établissemens de bienfaisance qui relèvent de l'administration. (*Arrêté, article 5.*)

Ses fonctions, dans chacun de ces établissemens, sont réglées de la manière suivante.

§. I. *Fonctions dans les maisons de force et de détention.*

Art. 42. Le pasteur est tenu :

De faire un service religieux une fois chaque dimanche et jour de fête religieuse, et un service au moins, un autre jour de la semaine ;

D'observer la conduite de chaque détenu, de chercher à connaître ses dispositions par des entretiens publics et particuliers, pour employer envers lui les moyens les plus propres et les plus efficaces pour le ramener au bien ;

De visiter journellement, et plusieurs fois par jour, les deux maisons, pour s'assurer de la con-

duite des détenus, et la diriger par des moyens
moraux ;

De faire l'instruction religieuse des détenus
qui n'auraient pas été admis à la Sainte-Cène ;

De diriger et surveiller l'école d'instruction,
si l'on trouve convenable d'en établir une.

Enfin, de tenir les registres matricules et moraux des détenus, qui sont présentés à la commission chargée de l'examen de la conduite de
chaque détenu, et de délibérer sur les récompenses et les peines qu'il aura méritées. (*Arrété,*
article 12.)

§. II. *Fonctions dans les maisons des secours publics.*

ART. 43. Le pasteur est chargé :

De faire deux prières communes par semaine,
et de porter aux malades, individuellement, les
secours de la religion ;

De visiter au moins tous les deux jours l'hospice, indépendamment des secours individuels à
porter aux malades ;

De surveiller et diriger l'école d'instruction
pour les enfans à l'hospice, si l'on trouve convenable d'en établir une.

ART. 44. Un réglement particulier déterminera
les fonctions du pasteur dans l'établissement de
discipline.

ART. 45. Le présent arrêté sera imprimé et
communiqué à la commission des établissemens
de détention et de secours publics.

Donné sous le sceau du conseil d'état, à Lausanne, le 2 février 1826.

Le landammann en charge, F. L. BOURGEOIS.

(L. S.)   *Le chancelier*, BOISOT.

RÉGLEMENT SUR LES DÉTENUS DANS LA MAISON (1)
PÉNITENTIAIRE DE LAUSANNE,

RÉDIGÉ D'APRÈS L'ARRÊTÉ DU 2 FÉVRIER 1826.

Nourriture.

ART. 1. La ration en pain des détenus est d'une livre et demie, y compris celui de la soupe. On calcule la quantité à mettre à chaque espèce de soupe, et le surplus leur est remis à dîner.

Les détenus non malades, pour qui cette ration est trop forte, peuvent demander une réduction, qui leur est payée à la taxe faite pour les boulangers. (2)

ART. 2. Le surplus de la nourriture des détenus se compose, le matin d'une soupe; à dîner de légume assaisonné, et le soir d'une soupe. (3)

Les détenus à la correction ont de plus, les di-

---

(1) Cette maison fut modelée sur celles d'Amérique, mais les femmes occupent la moitié du local; ce qui n'est pas proportionné, car il y a ordinairement quinze femmes sur cinquante-neuf condamnés.

(2) On trouvera des détenus qui, au préjudice de leur santé, demanderont cette réduction lucrative.

(3) Nous avons reconnu que la nourriture est très saine, et que la distinction pour les forçats est juste.

manches et les jeudis, à dîner, une ration d'une demi-livre de viande.

Les détenus à la force ont la même ration; mais le dimanche seulement.

Art. 3. Les malades reçoivent la nourriture prescrite par les officiers de santé.

Habillemens et pécule.

Art. 4. A leur entrée, les détenus sont dépouillés de tous leurs habillemens, et revêtus de ceux de la maison où ils doivent être détenus.

Art. 5. Les habillemens qu'ils ont apportés sont pris en inventaire par l'inspecteur, sur un livre destiné à cet usage, et cet inventaire est signé par l'inspecteur et par le condamné.

Ces habillemens sont blanchis et nettoyés pour être placés dans un sac portant les noms du condamné et son numéro au registre matricule.

Ces sacs sont déposés au magasin, où ils sont soignés, et à la sortie d'un détenu, ses habillemens lui sont rendus. — Toutefois il peut les vendre ou les envoyer à sa famille, avec l'autorisation de la commission. — S'ils sont vendus, le prix est reçu par le boursier du pécule, et porté au crédit du condamné.

Art. 6. A l'entrée d'un condamné dans la maison de force il est débité, dans son compte de pécule, des objets ci-après destinés à son usage personnel; (1)

_____

(1) Nous avons visité le magasin des habillemens, qui

Un bonnet, une veste, un gilet, un pantalon, une paire de guêtrons en étoffe;

Deux pantalons en toile;

Une cuvette et son pot à eau, un pot de nuit, deux vergettes, une pelle et un balai, un peigne et une peignette.

ART. 7. Chaque pièce d'habillement est marquée du numéro sous lequel le détenu est inscrit au registre matricule.

Le numéro de la veste, placé sur la manche droite, est le seul apparent.

ART. 8. A la correction, les habillemens sont au compte de l'établissement, ainsi que le mobilier des cellules.

Les détenus sont responsables des dommages qu'ils peuvent y faire par malice ou par négligence.

ART. 9. On continuera à accorder aux détenus une gratification, comme encouragement au travail, sous le nom de pécule.

ART. 10. L'établissement retient sur le pécule de chaque détenu à la force, (1)

a. La valeur, suivant le tarif, des habillemens

---

est en bon ordre, et là nous avons vu les *registres* de la comptabilité tenus à double partie.

(1) Cette distinction est très juste, car les condamnés correctionnellement ne restent à la prison pas plus de cinq ans, et ils n'auraient pas le temps de gagner un fonds de réserve d'après l'article 14 suivant.

et objets personnels qui lui sont remis, et qui se trouvent détaillés à l'art. 6 ;

b. La dépense d'entretien de ces objets, et le prix de leur remplacement lorsqu'ils sont usés ou détruits ;

c. La réparation de tous les dommages quelconques, qu'il cause par malice ou même par une négligence caractérisée. — Cette disposition s'applique aux détenus de la correction comme à ceux de la force.

ART. 11. Les détenus ont chacun un livret qui renferme leur compte de pécule. (1)

ART. 12. Avant le réglement du pécule, l'inspecteur dresse la note des détenus qui ont mal fait leurs ouvrages, et auxquels le contrôleur n'alloue aucun pécule, ou fait une réduction sur le pécule à allouer.

ART. 13. L'argent du pécule n'est remis au détenu qu'à sa sortie. Toutefois il peut, avec l'autorisation de la commission, envoyer des secours à sa famille. — Cet envoi est fait par la commission. (2)

ART. 14. A la sortie d'un détenu, on porte à

(1) L'argent que le détenu gagne est placé à l'intérêt, et produit 4 pour 100, faveur préjudiciable à l'état.

(2) Un condamné ne doit pas disposer de son pécule pendant sa détention; il est considéré comme fils de famille, et s'il vient à mourir, son argent doit appartenir à la maison, non aux parens.

son crédit les objets personnels à sa charge, d'après l'estimation qu'en fait le contrôleur.

L'inspecteur paie au détenu, en présence du contrôleur, ce qui lui revient d'après son compte.

Le détenu signe la quittance sur son compte au livre du pécule. — Cette quittance est attestée par le contrôleur.

Mesures d'ordre.

ART. 15. Dans chaque maison, il n'existe de différence entre les détenus, que celle produite par leur conduite, qui peut, ou leur mériter des récompenses, ou leur attirer des peines.

ART. 16. Le principe fondamental du régime moral est de tenir les détenus, lorsqu'ils sont réunis, sous une surveillance continuelle.

ART. 17. A chaque déplacement en masse qu'occasionnent le lever, le coucher et les transitions du travail au repas et au repos, et du repos au travail, il ne doit y avoir ni cohue ni précipitation.

Les détenus marchent en silence deux à deux, chacun à la place que les employés leur assignent, ayant un employé en tête et un en queue. (1)

ART. 18. Les détenus ne sortent des bâtimens destinés à la détention pour aller dans celui du centre, que pour le service religieux.

---

(1) Le silence est la première condition d'une pénitencerie bien ordonnée.

Il y a exception à cette défense pour les détenus chargés du service extérieur.

ART. 19. Les communications de quelque nature qu'elles soient, entre les détenus et l'extérieur, sont interdites, sauf dans les cas expressément permis à titre de récompense.

Des évasions.

ART. 20. Si de nuit le factionnaire voyait un
détenu dans les cours en état d'évasion, il le
somme trois fois de s'arrêter; s'il s'arrête, il ne
quitte pas la place, et crie d'une voie forte, *à
moi le poste, à moi M. l'inspecteur.* S'il ne s'arrête pas, il tire sur le détenu.

ART. 21. Le détenu évadé qui serait ramené
sera puni par neuf jours de geôle au moins, et
trente jours au plus.

De plus, dans la maison de force on lui mettra
les fers aux pieds pendant trois mois au moins
et un an au plus.

ART. 22. Le détenu qui aurait tenté de s'évader sera puni d'une peine d'un tiers moindre que
celle fixée à l'article précédent.

ART. 23. En cas de récidive d'évasion ou de
tentative d'évasion, la peine sera doublée.

Dans tous les cas, ce doublement portera sur
la peine fixée pour l'évasion consommée.

ART. 24. Indépendamment des peines ci-dessus, le détenu sera responsable, sur son pécule,
de tous les dommages qu'il aura causés, dont la

commission réglera la valeur, sur le rapport du contrôleur.

De plus, sa faute sera présentée à la commission annuelle de surveillance, comme une forte considération pour le priver des récompenses que cette commission est appelée à accorder.

Travail.

Art. 25. A l'entrée dans l'atelier, chacun des détenus se rend immédiatement à sa place de travail. (1)

Art. 26. Les détenus ne peuvent quitter leur place de travail que pour une cause relative à ce travail, ou pour satisfaire à leurs besoins.

Art. 27. Un détenu ne peut aller aux latrines lorsqu'un autre s'y trouve.

Art. 28. Le silence doit régner dans l'atelier, et aucune conversation ne doit avoir lieu, aucune question ne peut être faite, qui ne soit relative au travail.

---

(1) En Amérique on permet d'exercer des professions dangereuses, comme celle de serrurier, d'orfévre, etc.; à Lausanne, les hommes travaillent à faire les toiles et autres étoffes, soit pour la maison, soit par commission. Il y a des cordonniers. Ils sont habillés différemment, suivant le genre de peine, et les repris de justice ou condamnés à vingt ans ont un collier de fer rivé. Nous avons observé le fameux brigand *Studman ;* il portait son collier avec dignité et fierté.

ART. 29. Les devoirs du détenu dans son travail sont :

D'être actif et appliqué; (1)

De soigner et ménager les matières qu'il doit ouvrer;

De mettre autant d'ordre que son travail le comporte, dans le placement et l'arrangement de ses outils, des matières, des objets finis et des objets en travail.

ART. 30. Les devoirs de l'employé sont :

a. De faire régner le silence et l'ordre;

b. D'empêcher tout déplacement inutile des détenus;

c. De veiller à ce que deux détenus ne se trouvent pas ensemble aux latrines;

d. De veiller à ce que les détenus n'entrent pas dans les cellules, lorsqu'elles sont ouvertes;

e. D'être attentif à ce que chaque détenu s'occupe de son travail avec activité et application, et maintienne dans son atelier l'ordre prescrit. (2)

ART. 31. L'employé se tient habituellement à la place qui lui est assignée, toutefois il fait sou-

---

(1) On met à la geôle ceux qui font les malades. (*Voyez* l'art. 59.)

(2) On nous assura que si la maison avait deux cents condamnés, elle ne serait plus à charge à l'état, et qu'elle suffirait à ses dépenses. Il faudrait donc, comme nous avons dit, réunir au moins deux cantons de la confédération helvétique.

vent le tour de l'atelier, pour juger de l'avancement du travail de chaque détenu, observer l'ordre de chaque atelier, juger de la qualité du travail, et donner des directions dans les parties qu'il
peut connaître.

Art. 32. Si un détenu se montrait indolent ou
inappliqué au travail, qu'il quittât sa place sans
nécessité, ou qu'il tînt des propos étrangers à son
travail, ou que de quelqu'autre manière il man-
quât à ses devoirs, l'employé l'y rappelle avec
calme mais avec fermeté.

Si le détenu ne se rend pas à son devoir, l'employé sonne pour faire arriver l'inspecteur, à qui
il fait rapport.

Si l'inspecteur se trouvait absent, l'employé
renferme, jusqu'à son retour, le détenu dans sa
cellule.

Repas.

Art. 33. Jusqu'au moment où la table est ser-
vie, les détenus demeurent à leur travail.

Ils ne le quittent qu'au signal des employés,
pour être conduits en ordre à la table.

Art. 34. Le repas commence et finit par la
prière, que les détenus écoutent debout et avec
recueillement.

Un employé, et même un détenu, est chargé
par le pasteur de faire la prière.

Art. 35. Le silence doit régner à table, et aucune conversation n'est permise.

Le détenu qui contreviendrait à cette règle

est rappelé à l'ordre par l'employé, et s'il ne se range pas à son devoir, il est dénoncé à l'inspecteur.

ART. 36. Le repas étant fini, un employé reconnaît et recueille tous les ustensiles de la table.

Le signal du départ est ensuite donné, et les détenus sont conduits en ordre dans leurs cellules, où ils sont renfermés, pour donner aux employés le temps de prendre leur repas.

Repos.

ART. 37. Lorsque le repos n'est que d'une heure compris le repas, ce repos est pris dans les cellules.

ART. 38. Lorsque le repos est de plus d'une heure, l'excédant de ce temps est passé dans les cours. (1)

En saison froide ou pluvieuse, il est passé dans l'atelier, ou dans l'étage au-dessus.

ART. 39. Il en est de même du repos du dimanche et des jours de fête.

ART. 40. Le temps à donner à la propreté des appartemens est pris sur celui du repos.

Le premier dimanche de chaque mois les ateliers, les cellules et infirmeries sont lavés, excepté

---

(1) Ces cours ont été converties en jardins potagers, qui suffisent aux besoins de la maison pendant quelques mois, et servent d'agréable travail aux prisonniers.

-pendant les froids rigoureux, où ce lavage n'a lieu que tous les deux mois.

Tous les dimanches après dîner, sauf ceux où on lave, les ateliers sont balayés et les meubles et ustensiles frottés.

Ces soins de propreté sont aussi donnés les jeudis après le goûter des employés, et le temps se prend sur celui du travail, lorsque le temps du repos ne peut y suffire.

ART. 41. Les employés sont attentifs à observer les détenus pendant le repos. — Ils doivent empêcher :

a. . Tout exercice ou toute conversation bruyante, à plus forte raison les chants;

b. Toute action ou tout propos qui blesserait la décence;

c. Toute relation ou toute conversation mystérieuse : il ne doit rien se passer entre les détenus qui ne soit vu et entendu des employés;

d. Tout moyen de récréation qui serait défendu.

Service religieux. (1)

ART. 42. Au son de la cloche, l'inspecteur se

---

(1) Le pasteur, M. Manuel, homme d'un très grand mérite, a la direction du service et de la maison en général. Nous devons à sa complaisance les renseignemens obtenus.

Moralistes, insinuez cette vérité : « L'homme est heureux s'il aime le travail et la frugalité; il est alors dans l'abondance des choses nécessaires à la vie simple. »

rend à la chapelle, et les employés réunissent les
détenus pour être prêts à sortir.

ART. 43. Les détenus ont chacun un psaume,
et sont dans le devoir d'accompagner le chant,
à moins que le pasteur ne les en dispense, pour
cause d'âge ou de maladie.

Un des employés, ou même un des détenus,
désigné par le pasteur, dirige le chant.

ART. 44. Les détenus doivent avoir au service
religieux une tenue de décence et de respect.

Les employés surveillent chacun sa division,
et s'ils remarquent quelqu'inconvenance, ils en
font, immédiatement après le service, rapport à
l'inspecteur.

Coucher et lever.

ART. 45. Un quart d'heure avant l'heure fixée
pour le coucher, l'inspecteur fait sonner la cloche.

Au son de cette cloche, les détenus cessent
leur travail, pour mettre en ordre leurs outils, et
les réduire à leur place.

ART. 46. Un employé visite chaque atelier de
profession, pour s'assurer que les outils sont en
bon ordre, et qu'il n'en manque aucun.

Chaque détenu se tient debout devant son atelier.

ART. 47. A mesure que les ateliers ont été ainsi
visités, l'autre employé en conduit les ouvriers à
leurs cellules, et les enferme.

ART. 48. Demi-heure après le premier son de

la cloche, elle est sonnée de nouveau pour sortir les habillemens des cellules et de l'infirmerie.

ART. 49. Demi-heure avant celle du lever, la cloche est sonnée, et les employés vont rentrer les habillemens dans les cellules, et les referment.

ART. 5o. La cloche est sonnée de nouveau à l'heure du lever, pour ouvrir les cellules. (1)

Les détenus doivent alors avoir fait leurs lits, ouvert leurs fenêtres, balayé leurs cellules, nettoyé leurs habillemens et leurs souliers, lavé la tête et les mains, peigné les cheveux, et être prêts à sortir.

ART. 51. Ils vont changer l'eau à boire de leurs pots, et les rapportent.

Ils vont ensuite vider leurs pots de nuit aux latrines, les laver à la fontaine, et les rapportent.

Immédiatement après ils sont conduits au déjeuner ou au travail, suivant la saison.

Autres devoirs.

ART. 52. Dès le commencement à la fin de sa détention, l'on exige de chaque détenu qu'il travaille, dans la mesure de ses forces, pendant le temps destiné au travail.

ART. 53. Pour donner aux détenus l'esprit

---

(1) A Genève, on a établi à cinq heures en été le lever des détenus, heure trop tardive. A Lausanne, le lever à quatre, et à cinq le travail.

d'économie, l'on a mis à leur charge leurs habillemens et les objets qui leur sont personnels.

Art. 54. Pour donner aux détenus l'esprit d'ordre, l'attention des employés devra se porter sur leurs personnes, sur leurs cellules, sur l'atelier de leur travail, pour exiger d'eux l'ordre et la propreté.

Des observations doivent être faites lorsqu'il y a malpropreté ou désordre, et être répétées chaque fois qu'un détenu y donne lieu, afin de l'amener à l'habitude de ce qui est utile et bon.

Les remontrances suivent les observations lorsque cela est nécessaire, pour faire au détenu une habitude de ce devoir.

Les peines sont enfin mises en usage contre le détenu qui se montrerait ou obstiné ou négligent.

Art. 55. Il faut exiger encore du détenu la décence dans les actions, dans les manières, et dans les propos.

L'attention des employés doit se porter sur ce point essentiel, les dispositions de chaque détenu doivent être observées, pour saisir toutes les occasions de les porter à un ton d'honnêteté, à la bienveillance entre eux, au respect envers leurs supérieurs.

Récompenses et peines.

Art. 56. Outre les récompenses accordées annuellement par la commission de surveillance, la commission administrative donne les récompenses suivantes au détenu qui l'a mérité par sa bonne conduite. (1)

a. D'avoir les livres qu'il désire, outre ceux admis pour l'établissement, pourvu que ces livres aient pour objet, ou la piété, ou la morale, ou une instruction d'ailleurs utile. Dans ce cas, le livre est acheté sur le pécule du détenu et lui appartient;

b. De pouvoir écrire, et d'avoir à cet effet dans sa cellule, papier, plumes et encre. Dans ce cas, on ne remet à la fois qu'un petit nombre de feuilles de papier, qui sont paraphées par le pasteur, et que le détenu doit lui représenter lorsqu'elles sont écrites. Il n'en reçoit pas d'autres avant d'avoir présenté les précédentes ;

c. De pouvoir prendre quelques momens sur ceux destinés au travail, pour les employer dans sa cellule à son instruction religieuse, morale ou civile, ou bien à la culture ou à d'autres ouvrages d'exercice du corps ;

d. De pouvoir, à des intervalles éloignés, écrire à ses parens ou à sa famille, et d'en recevoir ré-

---

(1) La bonne conduite pendant une année lunaire, savoir, onze mois, compte pour un an d'après la loi ; mais ces calculs sont minutieux. Il serait mieux d'établir, comme à Genève, la diminution d'un tiers ou d'un quart de la peine totale.

ponse. Dans ces cas les lettres et les réponses passent sous les yeux du pasteur;

e. De recevoir des visites, mais à des intervalles éloignés, de ses ascendans, de sa femme ou de ses enfans. Ces visites ont lieu en présence de l'inspecteur.

ART. 57. A la correction, les détenus pour plus de trois mois peuvent, chacun des trois mois suivans, recevoir des visites de leurs ascendans, de leurs femmes et de leurs enfans, à moins qu'ils n'en soient privés, comme peine de fautes qu'ils auraient commises.

Ces visites doivent être autorisées chaque fois par le vice-président, et ont lieu en présence de l'inspecteur.

ART. 58. Les femmes de la correction et de la force peuvent obtenir encore, à titre de récompense, chacune une portion à cultiver pour son compte dans les jardins des cours de détention. (1)

Cette culture se fait dans les momens de repos, et, par une nouvelle récompense, elles peuvent obtenir d'y employer quelques momens destinés au travail.

L'établissement fournit les semences, le fumier et les instrumens, et paie la moitié de la valeur du légume qui est portée au crédit des détenues, dans leur compte de pécule.

---

(1) Cet agrément de culture ne devrait pas être accordé aux condamnées à la force, quoique femmes.

ART. 59. Les peines dont la commission fera usage envers les détenus sont : (1)

a. La nourriture au pain et à l'eau, prise dans le réfectoire à une table séparée ;

b. La réclusion dans la cellule, qui est toujours accompagnée de la nourriture au pain et à l'eau ;

c. La geôle, qui est toujours accompagnée de cette nourriture. — La peine de la geôle pourra être augmentée en la rendant obscure. — Si le détenu s'y livrait à des violences ou à des excès bruyans, il sera mis à la cage. (2)

ART. 60. Lorsqu'un détenu est au pain et à l'eau, chaque troisième jour on lui donne la nourriture ordinaire, sauf la viande.

ART. 61. Les employés chargés du service des geôles ont ordre de ne pas adresser la parole aux détenus, de ne répondre à aucune des questions qu'ils leur font, et de ne faire aucune de leurs commissions, excepté lorsqu'ils demanderaient à parler au pasteur.

ART. 62. Si un détenu faisait un vol dans l'établissement ou se livrait à des violences graves, soit par leur nature, soit par la dignité de la personne qui en serait la victime, ou commettait tout autre délit pour lequel les peines de discipline

---

(1) En Amérique, les peines sont l'emprisonnement solitaire avec ou sans travail, le fouet, etc.

(2) Rarement le condamné à cette pénitence est revenu une seconde fois pour refus de travail.

seraient insuffisantes, là la commission demandera
qu'il soit renvoyé par-devant les tribunaux pour
être puni.

ART. 63. Un registre pour la correction et un
pour la force sont établis, afin d'y ouvrir un
compte moral à chaque détenu. (1)

Un réglement particulier a été fait pour ces
registres.

Les récompenses et les peines de chaque détenu sont inscrites à mesure dans son compte.

Ces registres sont consultés par la commission
chaque fois qu'elle est dans le cas de récompen-
ser ou de punir.

Ils servent encore à éclairer la commission de
surveillance pour les récompenses annuelles
qu'elle accorde.

Ainsi les récompenses et les peines n'ont pas
seulement l'importance de leurs effets présens,
mais elles ont des conséquences majeures pour
ou contre les détenus.

ART. 64. Un employé peut, en l'absence de
l'inspecteur, renfermer provisoirement dans sa
cellule le détenu qui troublerait l'ordre de la
maison.

ART. 65. L'inspecteur peut faire renfermer pour
la journée dans la cellule le détenu qui refuse de
lui obéir, sans aucune circonstance aggravante.

---

(1) Ce compte moral devrait exister pour tous les employés dans un gouvernement bien ordonné.

ART. 66. L'inspecteur peut aussi faire mettre provisoirement à la geôle un détenu qui aurait rendu cette mesure nécessaire par sa conduite.

ART. 67. Aucun livre ne peut être introduit dans l'établissement, même en don, sans l'autorisation de la commission.

Malades. (1)

ART. 68. Un détenu est chargé par le pasteur du service immédiat de l'infirmerie, et il y couche lorsque les malades exigent des soins pendant la nuit.

Un employé est chargé de donner aussi des soins aux malades, et de veiller sur l'infirmerie.

ART. 69. Les malades qui ont besoin de faire de l'exercice peuvent en prendre dans la cour.

Mais il ne leur est pas permis de circuler dans les ateliers. Si même un malade pouvait travailler par intervalles il doit, ou passer à l'infirmerie les momens de repos ou rester en place.

ART. 70. L'entrée de l'infirmerie est interdite à tout autre détenu qu'à l'infirmier.

Il est de même défendu aux malades d'en sortir sans permission.

---

(1) Chaque salle a son infirmerie, ce qui n'est pas d'économie, et est même insalubre, car la porte communique aux salles des ateliers.

Sortie d'un détenu. (1)

ART. 71. Dans le mois qui précède la sortie d'un détenu, le pasteur l'annonce à la commission.

Il fixe son attention sur le compte ouvert à ce ce détenu dans le registre matricule, et sur ce qui lui est connu de ses dispositions.

Il soumet à la commission la question du certificat à lui délivrer.

ART. 72. Si sa conduite et ses dispositions sont de nature à donner une entière sécurité, la commission lui délivre un certificat de *satisfaction*, c'est-à-dire le plus favorable, qui a pour but de lui procurer l'oubli de son crime et la confiance publique.

Si quelques doutes règnent sur la sincérité de son retour au bien, on lui délivre un certificat *d'espérance*, dans lequel est exprimé l'espoir qu'il remplira ses devoirs s'il est aidé et soutenu dans ses bonnes dispositions.

Si le détenu inspire des inquiétudes, la commission lui donne un certificat *de crainte*, dans lequel elle annonce que la sûreté de la société

---

(1) Nous avons malheureusement reconnu, par les registres, que des individus sortis de la maison y sont retournés pour récidive peu de temps après, avec l'intention de se faire nourrir pendant l'hiver. Il faudrait alors des peines plus sévères.

exige qu'on exerce une surveillance attentive sur sa conduite.

ART. 73. Il sera fait trois doubles du certificat : l'un est adressé au département de justice et police, en l'avisant de la sortie du détenu, le second est envoyé au pasteur de la commune que ce détenu va habiter, le troisième est remis à lui-même.

Une copie ou un extrait du compte du détenu accompagnera le certificat lorsque la commission le jugera nécessaire.

ART. 74. Le jour de la sortie d'un détenu, après que son compte de pécule lui a été payé, il y a un service religieux extraordinaire, où le détenu occupe une place séparée.

Après ce service, le détenu est rendu à la liberté.

ART. 75. Au mois de décembre de chaque année, la commission prend des renseignemens sur les détenus sortis depuis cinq ans, afin de savoir quelle est leur conduite.

Les réponses sont transcrites par extrait au registre matricule sur le compte de chacun des détenus qu'elles concernent.

EXPLICATION DE LA PLANCHE N° 2.

Maison de détention à Lausanne.

N. B. On voit ici, 1°. le rez-de-chaussée du bâtiment du centre ; 2°. le rez-de-chaussée de

16

l'aile de la division correctionnelle; 3°. l'étage de
la division criminelle.

I. *Rez-de-chaussée du bâtiment du centre.*

(1) Vestibule d'entrée. — (2) Bureau et magasin de l'inspecteur. — (3) Bureau et magasin du maître tisserand. — (4) Péristyle intérieur. — (5) Escalier montant au premier étage. Nota. *Sous celui de gauche se trouve la chambre de bains. Sous celui de droite l'entrée aux caves.*— (6) Cuisine. — (7) Magasin des denrées. — (8) Réfectoire des employés. — (9) Office. — (10) Latrines. — (11) Grands corridors de séparation, avec l'entrée aux ateliers par les portes P. P.

II. *Rez-de-chaussée des ailes.*

(12) Grand corridor qui forme la séparation des deux divisions de chaque aile. Nota. *Il ne sert pas de passage, mais il est divisé en compartimens qui forment autant de petits magasins : aux deux extrémités sont les foyers des calorifères* C. C. C. C. — (13) Grand atelier des hommes. — (14) Petit atelier des hommes communiquant avec le grand par le passage + — (15) Quartiers des femmes (*) séparés de ceux des hommes par un fort mur de refend. — (16) Cellules dont les fenêtres donnent sur la cour et les portes sur le couloir à claire-voie. — (17) Le même couloir qui donne dans les ateliers. — (18) Infirmeries. Nota. *Une infirmerie plus vaste a été établie depuis; on a consacré les trois cellules fortes qu'on a remplacées d'une autre manière.*— (19) Passage pour aller à la cour. — (20) Latrines intérieures. — (21) Latrines extérieures. — (22) Fontaine à robinet dont l'eau dérive de la grande.

(*) Les murs ne suffisent pas à séparer les deux sexes sans qu'il arrive des inconvéniens ; d'autre part, les femmes condamnées n'étant pas en proportion du nombre des hommes, elles occuperont toujours un trop grand local.

III. *Étage des ailes formant dans l'intérieur le pourtour des ateliers.* (Voyez *division criminelle.*)

(23) Grand corridor percé de fenêtres plongeant dans l'intérieur des ateliers (*). — (24) Fenêtres masquées où se trouve, pour l'inspection occulte, une petite ouverture, d'où la vue se porte jusques au fond du quartier des hommes. — (25) Galerie sur laquelle s'ouvrent les cellules de l'étage. — (26) Prolongation de cette galerie servant d'entrée depuis le grand corridor au quartier des femmes. — (27) Escaliers par lesquels on monte des ateliers aux cellules de l'étage. — (28) Chambres des employés. — (29) Geôles. — (30) Couloirs des geôles. — (31) Galerie qui mène à la chapelle et aux logemens des employés. — (32) Grande fontaine.

IV. *Premier étage du centre.*

Il comprend le même nombre de pièces que le rez-de-chaussée : le n° 1, partagé par une cloison, est occupé par les deux gouvernantes des femmes ; le n° 2 par deux employés ; les n°s 3, 6, 7, 8, 9, 10, forment le logement de l'inspecteur ; le n° 11 est le corridor supérieur, qui forme, avec les deux péristyles extérieurs de l'étage, le chemin de ronde.

V. *Second étage du centre.*

N° 1. Salle de la commission. — N° 2. Logement et bureau de l'employé chef — N° 3. Chambre d'audience du pasteur. — N°s 6, 7, 8. Chapelle. Nota. *La chaire est en face des quatre compartimens séparés par des cloisons élevées. Les deux premiers renferment les bancs des femmes* (**), *les*

(*) C'est de là que nous avons vu le fameux Studman dont il est parlé à la page 172.

(**) Voyez là les femmes en contact avec les hommes, ce qui n'est point convenable.

deux suivans ceux des hommes. Des portes séparées servent d'entrée aux divisions, d'où, comme on a établi, les prison- niers ne peuvent se voir.

VI. Combles,

Les combles du bâtiment du centre fournissent des chambres à resserrer : ceux des ailes, des vastes magasins et des étendages.

N. B. Les jardins sont indiqués dans le plan; la maison de **M.** le pasteur est au milieu d'un verger, du côté occidental du bâtiment.

CHAPITRE III.

Des Maisons pénitentiaires dans les États-Unis d'Amérique, à Philadelphie, New-York, Baltimore et Boston. Rapport de M. Aguiton (1), *qui vécut long-temps dans ces provinces.*

Le régime des maisons pénitentielles des États-Unis a en vue d'amener le prisonnier à l'oubli de ses anciennes habitudes, à la réflexion et par

---

(1) *A monsieur le Chevalier De-Grégory, Président honoraire de la Cour royale d'Aix.*

Genève, 9 septembre 1831.

Monsieur le Président, suivant votre désir j'ai l'honneur de vous joindre ici quelques détails sur les prisons péni- tentielles des États-Unis. Dans ce pays, plus que dans aucun autre que j'ai visité, tout y est dicté par un esprit assez sage; mais la pratique ne répond presque jamais à la théorie : un esprit dominant d'égoïsme et d'économie

Plan de la Maison de Détention

bucher   buanderie   à Lausanne, (Canton de Vaud 1831.)

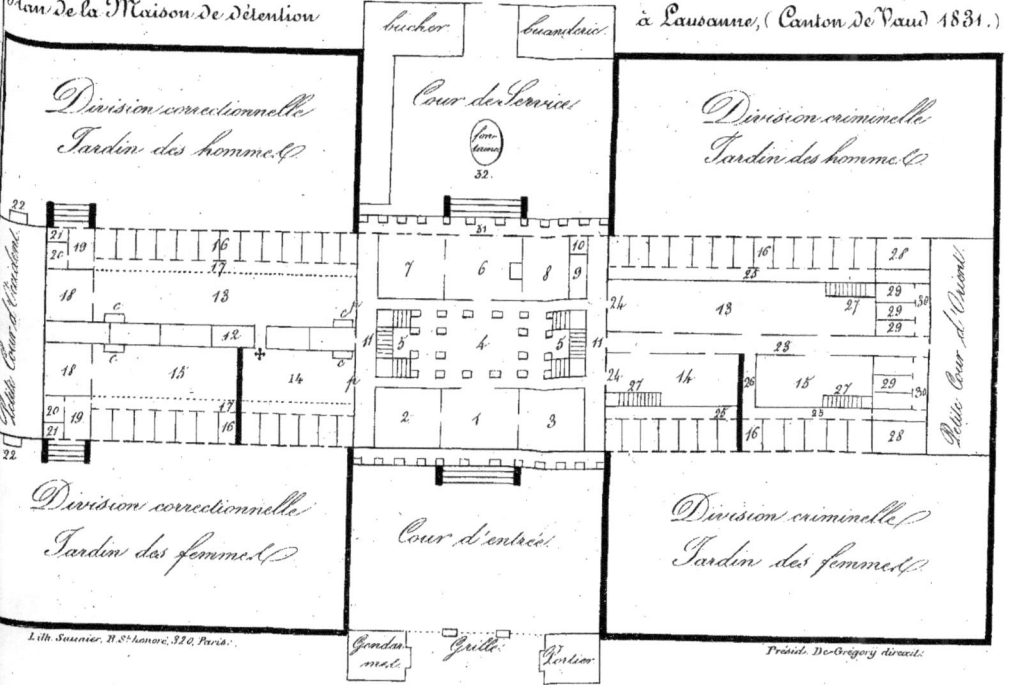

Division correctionnelle
Jardin des hommes.

Cour de Service

fontaine
32.

Division criminelle
Jardin des hommes.

21 19   16
20
17
18   13
12
15   14
18
20 19
21   17
16

31

7   6   8   9
10

11   5   4   5   11

2   1   3

16
23
24   13
27
29
29
29
23
24 27   14   26   15   27   29
16   25
28
29
30
28

Petite Cour d'Orient

Petite Cour d'Occident

22

22

Division correctionnelle
Jardin des femmes.

Cour d'entrée.

Division criminelle
Jardin des femmes.

Lith. Saunier, R. St honoré, 320, Paris.

Gendarmes.   Grille   Portier.

Présid. De Grégory direxit.

elle à l'amendement; mais ce but est-il facile à atteindre (1)? je l'ignore, car en proscrivant de ces maisons l'injustice, l'arbitraire et les mauvais traitemens, on a rendu ces asiles une retraite douce, plutôt qu'un lieu de châtiment.

Cependant pour parvenir au premier point, on veut que les prisonniers soient constamment employés à des travaux productifs qui servent 1° à supporter les frais de la prison; 2° à ne pas laisser les individus dans une inaction pernicieuse, et à leur inspirer du moins l'habitude du travail; enfin à leur préparer quelques ressources au moment que leur captivité devra cesser.

Les prisonniers sont de deux classes : 1°. ceux condamnés pour des crimes qui jadis étaient punis de mort, punition presqu'abolie dans plu-

---

sordide et minutieuse y gâte tout; ainsi il faut toujours se tenir en garde sur ce qu'ils disent ou écrivent d'eux-mêmes officiellement.

Je vous prie de vouloir bien me croire votre très dévoué,

N. Aguiton.

(1) Les directeurs de la maison de pénitence de New-York ont publié que sur cent prisonniers élargis, la moyenne de ceux qui rentraient n'était que de cinq; mais ils ajoutent que plusieurs ont pu se transporter dans d'autres provinces redoutant de se faire renfermer de nouveau dans une maison austère où le travail est obligatoire et le régime pénitentiel.

Cela même arrivera en Angleterre, à Genève et à Lausanne de manière à rendre difficile le calcul des avantages positifs des maisons pénitentielles.

sieurs des états, sauf pour meurtre (1) ou vol des malles-poste sur les grandes routes, etc.; la sentence de ceux-ci porte toujours la clause de *réclusion solitaire*, pour une portion du temps de leur détention à la volonté du juge, mais qui, par la loi, ne peut pas en excéder la moitié, ni être moins que la douzième partie; 2° ceux qui sont enfermés pour des crimes moins graves. Ceux condamnés à la réclusion solitaire (2) sont enfermés dans de petites cellules de huit pieds de long, sur six de large et neuf de haut; chauffées en hiver par un poêle qui s'allume en dehors, et qui ne reçoivent de jour que par une porte à grillage en fer qui donne sur un corridor qui entoure le bâtiment, et qui précède la cellule. Au reste, comme il y a une de ces prisons dans chacune des villes principales des États-Unis, elles ne sont pas toutes construites sur le même modèle, ni exactement sous le même régime, mais cependant ne diffèrent jamais bien essentiellement. Le détail que je donne ici est celui de celle de Philadelphie. Il y a dans chaque cellule des

---

(1) Même en Amérique, où il s'agit d'un peuple dans son enfance, qui n'a pas les vices ni les passions des Européens, cependant la peine de mort fut conservée.

(2) Cette prison solitaire peut être assimilée à celle du *Carcere duro* des Autrichiens, où l'homme est dans une oisiveté parfaite, qui n'est point profitable à l'état; à celle de la gêne, d'après l'art. 14 de la loi du 25 septembre 1791, de l'ancien Code pénal.

commodités lavées par une eau courante à volonté, les cellules sont blanchies deux fois par an; le prisonnier, sans être enchaîné, est couché sur un matelas, quoique j'en aie vu qui n'en avait point et couchait sur le plancher en briques. Il a des couvertures, et il ne peut avoir de communication avec personne, excepté une fois par jour, que le porte-clefs ou guichetier lui apporte son repas, qui consiste dans une espèce de *poudding* fait avec de la farine de maïs et de la mélasse, avec un pot d'eau. Ceux dont la sentence ne porte pas la réclusion solitaire (1) sont à leur arrivée mis avec les autres; on leur ôte leurs vêtemens pour leur faire prendre celui de la prison, on les instruit des règles auxquelles ils doivent se soumettre, et on les interroge sur le genre de travail qu'ils connaissent, ou sont capables de faire, ou auquel ils préfèrent se livrer; l'huissier qui les amène remet aux inspecteurs un compte succinct, dressé par la cour qui a prononcé le juge-

---

(1) Une distinction existe donc même en Amérique entre les condamnés pour des crimes atroces et les autres. Cette distinction confirme notre opinion qu'il faut exclure de la maison pénitentiaire les grands criminels condamnés à plus de quinze ans de peine.

Dans la prison d'Auburn (dit M. Lucas) la ration est de huit onces de porc, ou douze onces de bœuf salé, dix onces de farine fleur de seigle, de six onces de maïs; ce qui nous paraît peu convenable, surtout de donner tous les trois jours du porc ou du bœuf salé à des pénitens.

ment du délit, de ce qu'on connaît de sa vie et de ses mœurs jusqu'au moment de son jugement, de la teneur de sa sentence, le compte des frais de la procédure, du montant des effets volés ou dommages commis, auxquels il a été condamné; toute chose qu'il doit rembourser par son travail, outre sa pension de dix-huit sous et demi de France par jour.

Il y a dans la maison des métiers de tisserands, des établis de menuisiers, charpentiers (1), ébénistes, etc.; des ateliers de cordonniers, tailleurs et autres professions; une manufacture de clous capable d'employer grand nombre de ceux qui n'ont point appris de profession, qui peuvent aussi s'occuper à scier du marbre, à le polir, à tailler des pierres, faire des copeaux de bois de teinture ou autre, broyer des plâtres ou des couleurs, piler des drogues, éplucher ou carder de la laine, battre du chanvre, faire des étoupes; enfin faire tout ce dont il se sent capable, et par lequel il croit le plus gagner; et les plus maladroits gagnent 2 fr. 7 sous par jour, d'autres jusqu'à 5 fr. 10 sous. Les femmes sont employées à filer, à coudre, à blanchir pour la maison, etc.; elles ne se mêlent jamais avec les hommes, leurs appartemens étant entièrement séparés, et

(1) Tout métier qui exige des armes tranchantes en quantité ou dont l'exercice est bruyant, et nécessite un grand emplacement, n'est pas utile ni convenable.

comme elles gagnent moins, leur pension n'est
que de 9 sous par jour. Chaque prisonnier a un
petit livre, sur lequel il écrit, ou on écrit pour
lui, le marché qu'il fait avec tel entrepreneur (1)
ou particulier étranger qui veut l'employer, pour
le prix de son travail; ce marché se fait en présence d'un directeur, l'on inscrit le travail fait, et
le prix qui est remis aux directeurs, qui ouvrent
un compte courant au prisonnier, lui donnant
crédit de toutes les sommes reçues, et se char-
geant de sa pension et de tout ce qu'il a été condamné à payer : si à sa sortie il y a du surplus, il
lui est remis. Je ne suis pas bien informé de ce
qui résulte s'il reste redevoir, ou s'il ne reste rien ;
car, dans les autres prisons des États-Unis, le détenu qui ne peut pas payer les frais de sa détention est vendu (2) et livré à celui qui les paye
pour lui, et qui acquiert le droit de le faire travailler pendant un temps limité par un juge, suivant le montant de la somme, comme son esclave.

Les prisonniers sont enfermés la nuit dans
des chambres de dix à douze lits (3): chacun a le

---

(1) C'est au directeur de la maison à convenir du prix du
travail, et non au prisonnier ; cela lui donnerait trop le
moyen de rompre le silence qu'il importe de maintenir le
plus possible.

(2) Excellent exemple de philanthropie après l'abolition
de la traite des Nègres !

(3) Comment pourra-t-on y maintenir le silence et pre-
venir les maladies des prisons?

sien ; ces chambres sont bien élevées, toujours sans autre lumière que celle sur le corridor. Le matin à la pointe du jour on ouvre leur porte et on les fait lever, on les oblige de se laver les mains et le visage. Ils sont rasés deux fois par semaine, en été on les fait baigner deux fois par mois : ils changent de linge deux fois par semaine ; ensuite ils se mettent à l'ouvrage. Toute conversation entre eux leur est interdite ainsi que les éclats de rire, les chants, etc. Leur déjeuner et leur souper sont du poudding de farine de maïs et de mélasse, sirop qui découle lorsqu'on fait le sucre ; à dîner ils ont demi-livre ou huit onces de pain en sus de leur poudding, et jamais que de l'eau pour boisson. Ce régime était recommandé comme devant être rigoureusement observé, parce que, disait-on, l'expérience a prouvé que ce régime diététique (1) était le plus propre à changer les inclinations vicieuses, que, renouvelant, adoucissant le sang, il amollit l'âme, la dispose à la douceur et au repentir. Les rires, les chants, sont défendus par suite du principe établi, de chercher à faire un nouvel être du coupable, et qu'ils dérangeraient la quiétude dans laquelle on veut les retenir. J'ignore si on a

---

(1) Nul doute que le régime diététique est utile à la correction des habitudes. On a vu des malades prendre en leur convalescence des méthodes plus modérées, abandonner l'usage du vin et d'autres passions dominantes.

trouvé que ces principes ne répondaient pas
exactement à ce qu'on en attendait; mais je sais
que même à Philadelphie on n'y tient pas la main:
j'ai entendu rire et causer les prisonniers (1) occupés dans les cours à scier ou à polir du marbre, et j'ai vu servir de la soupe et la viande à
leur dîner, qu'ils prenaient tous ensemble sur
de longues tables, où on leur servait à chacun
leur portion.

La seule punition infligée aux réfractaires (2) ou
paresseux est la réclusion solitaire pour un temps
déterminé par le geôlier, qui doit en avertir sur-
le-champ l'inspecteur, qui doit prendre connaissance de la chose pour en faire son rapport aux
directeurs de service, au nombre de douze, dont
deux sont alternativement de service pendant
une semaine, et six sont changés tous les six
mois; ils visitent les prisonniers, causent avec
eux, et comme ce sont des particuliers désinté-
ressés, ils tiennent la balance entre eux et le
geôlier, chez qui l'on trouve la liste de tous les

---

(1) Voyez là le défaut des bonnes institutions; elles se
gâtent, elles se perdent par l'inconstance des hommes à les
faire suivre avec fermeté.

(2) Les condamnés en récidive étaient, dans les anciennes
prisons, de un sur six, et même de un sur quatre. Ce chiffre est maintenant beaucoup moins élevé dans les nouvelles
prisons d'Auburn et Wethersfield, savoir : de un sur vingt.
—*Voyez* le sommaire du système pénitentiaire aux États-
Unis donné le 21 novembre 1832.

détenus, leurs noms et prénoms, âge et patrie, la
cause et la durée de leur détention. Si un de leurs
parens ou amis veut leur parler, il doit s'adresser
à un des directeurs de service, qui donne une
carte pour le geôlier, qui fait amener la personne demandée dans une chambre à cet effet,
où l'on est enfermé. La prison de Philadelphie,
principalement dirigée par des Quakers, a sans
doute un régime très doux, puisqu'ils se vantent
que quoiqu'elle ne soit pas gardée par des soldats,
aucun prisonnier n'a cherché à s'échapper; ce
qui n'est pas le cas dans les autres, où il y a une
garde armée. Celle de New-York m'a paru
mieux soignée, plus propre, le local plus vaste et
mieux aéré. Celle de Baltimore est la moins bien
en apparence; mais c'est, je crois, la seule qui ne
coûte rien à l'état (1). La pension payée par les
prisonniers répond à tous les frais; cependant
j'ai vu plusieurs coupables y rentrer deux ou
trois fois, après y avoir été renfermés deux ou
trois ans. Il est vrai qu'il y a plus de misère à
Baltimore qu'à Philadelphie, New-York et Boston, parce qu'il y a une beaucoup plus grande
population de nègres ou mulâtres qu'ailleurs, et

---

(1) C'est un objet très important d'établir les maisons
pénitentiaires dans des localités où par l'abondance du travail, par la fertilité du sol, la nourriture ne soit pas à la
charge du gouvernement; car il est cruel pour un particulier de dire qu'il doit, dans l'imposition, contribuer à
nourrir les voleurs de sa propriété.

que cette race est en général paresseuse et vicieuse, et c'est peut-être en raison du grand nombre de prisonniers payant pension qu'elle se défraye.

Un vice de ces prisons, aux États-Unis, est la facilité que même les plus grands criminels ont à en sortir. Les gouverneurs des États, élus par le peuple ou ses représentans, indépendans du président et du congrès, sont changés tous les trois ans, et l'esprit de parti fait que ce sont assez rarement des hommes respectables qui sont élus. Ces gouverneurs ont le droit d'abréger à leur volonté le temps (1) pour lequel un criminel est condamné à la prison. Si ce criminel a de l'argent ou des amis qui en aient, sa grâce est aisément achetée du gouverneur; s'il tient au parti dominant, il l'obtient de même; de sorte qu'il n'y a réellement que les pauvres diables qui souffrent parmi une vile canaille incorrigible. Il sera toujours difficile aux hommes de former des institutions à l'abri des abus; ils sont portés à chercher à rendre aisé ce qui est difficile par sa

---

(1) Le droit de faire grâce au bon plaisir produira toujours des criminels. (*Voyez* Lucas, tome II, page 55.)

L'abus de faire grâce, dit Livingston, a été poussé si loin dans quelques états d'Amérique, que le coupable, après la chance de n'être pas découvert ou d'être acquitté par les jurés, conserve encore, après le jugement, plus de probabilité pour sa grâce. Ainsi, en cinq ans, sept cent quarante condamnés à New-York furent graciés.

nature, et à oublier qu'un bien momentané et
partiel entraîne souvent après lui un mal général,
parce qu'ils calculent mal le jeu de toutes les
passions, qui est peut-être incalculable.

Signé AGUITON.

CONCLUSION.

D'après ce que nous venons d'exposer, il est
facile de conclure que si le système pénitentiaire
est applicable à un petit état, il est difficile de
l'adapter à un gouvernement de vaste étendue
ou de grande population.

Cette difficulté, nous ne la trouvons pas dans
l'impossibilité, en France comme en Amérique,
de comparer le nombre des crimes et des récidives, comme si de cela dépendait uniquement l'influence bonne ou mauvaise dudit système ; nous
croyons que l'avantage du régime pénitentiaire
peut aisément se reconnaître par une réelle et
constante diminution des vols, des rixes et autres délits, car la pénitentiairie pénale doit produire deux effets favorables, celui de diminuer
les petits délits par la rigueur de la prison (1), et

___

(1) Nous avons déjà déclaré, d'après l'inspection des registres, qu'aux mois de novembre et décembre les délits
étaient plus multipliés, car plusieurs misérables ne dédai-
gnaient pas de passer l'hiver en prison. Il faut alors plus de
sévérité pour empêcher les récidives, et plus de célérité dans
les poursuites pour diminuer les petits délits, pénétré de la
maxime que *scelus sceleri viam emollit.*

celui d'empêcher les récidives par l'habitude du travail donnée aux libérés.

Pourvu que le tableau annuel des délits diminue, cela suffira pour prouver l'utilité et l'efficacité de la maison pénitentiaire, sans avoir besoin de tenir compte des récidives, dont l'énumération ne serait pas exacte dans un vaste royaume.

La vraie difficulté, à notre avis, consiste dans l'organisation et l'administration d'un tel régime, facile à diriger dans une petite république où l'œil du gouvernement peut tout surveiller, difficile à régler dans un gouvernement de trente-deux millions et plus de citoyens, où les dilapidations sont inévitables.

Les maisons pénitentiaires, si elles sont négligées, si on laisse y introduire des abus, tombent de suite comme il arriva en Angleterre, en Amérique et dans les Pays-Bas; car alors les directeurs bénéficient sur les condamnés; ils dilapident les fonds : les geôliers deviennent des cabaretiers en boissons (1), en comestibles, et la règle, la discipline une fois violée, la maison perd de sa chance; elle devient une école d'enseignement mutuel de vice et d'immoralité. Il nous paraît cependant qu'en France, près de chaque cour d'appel et sous la surveillance d'un comité composé des premiers magistrats et notables de la ville, on

---

(1) Le vin est une espèce de boisson qui met en fureur; il ne fait pas mourir l'homme, mais il le rend hébété.

pourrait établir une maison pénitentiaire partagée en deux divisions (1) : l'une *correctionnelle*,
l'autre *criminelle*. Dans la première on garderait
tous les condamnés à la prison rigoureuse, d'a-
près l'art. 14 de notre projet, page 90. La seconde renfermerait tous les forçats, dont à l'art. 9,
page 86 dudit projet, et condamnés à l'un des
trois premiers degrés de travaux forcés. (2)

Dans la première division, le travail doit être
doux ; dans la seconde, pénible et proportionné
à la criminalité du détenu; mais l'instruction religieuse sera pour tous la même, car elle seule
est capable de corriger le cœur de l'homme (3)
et d'arrêter les crimes dans l'intention (4), là où
la loi pénale ne peut prévenir.

Il faut par une loi déterminer les limites de la

---

(1) Rien n'empêchera, même il sera économique, que les
condamnés aient un réfectoire, une chapelle commune,
pourvu que, comme dans la maison de Lausanne, ils ne
puissent pas même se voir entre eux.

(2) Cette séparation est d'autant plus nécessaire, que les
passions rendent les hommes semblables entre eux, comme
la fièvre contagieuse jette dans le même état des tempéra-
mens divers.

(3) Rien de plus rare que la correction de l'homme âgé;
il ne devient ni religieux ni vertueux. Notre avis est confirmé par l'observation de plusieurs directeurs.

(4) On prétend qu'en France l'assistance religieuse man-
querait au système pénitentiaire, car le clergé n'est pas
aimé ; nous pensons qu'il porterait toute son assistance étant
animé par l'esprit de l'Évangile.

diminution de la peine que le détenu pourra obtenir d'après sa bonne conduite, sans autre espoir ni de grâce royale, ni de faveur de la part du magistrat, qui en devra juger sur les pièces et registres.

La loi du régime pénitentiaire doit être brève, précise, invariable (1); elle doit prescrire l'ordre, le travail, le silence rigoureux, la méditation, l'obéissance, la sobriété et l'instruction, sans entrer dans des détails réglémentaires (2); elle doit être affichée dans les salles d'ateliers et dans le réfectoire, à exclusion d'ignorance.

La construction (3) de l'édifice ne doit pas être élégante, mais solide et commode; la forme semi-circulaire, comme celle de Genève, paraît la plus convenable; car l'inspecteur, de sa cham-

---

(1) *Leges antequam ferantur expendendæ, ubi latæ fuerint tollerandæ; nam non alia magis re labefactatur status civitatis quam crebra legum mutatione.* (STRADA, *de bello Belgico.*)

(2) M. Lucas a porté à trois cent vingt-sept articles son projet de Code de réforme et de discipline des prisons. Il n'a pas suivi l'exemple des Législateurs genevois.

(3) La maison modèle de Paris, dont M. Lucas nous présente le plan, destinée à quatre cents individus, abonde en ornemens d'architecture. Elle a coûté plus de quatre millions, et il serait impossible de faire supporter la même dépense à vingt-sept divisions de Cours royales. Un grand défaut des architectes est de se perdre dans les façades, qui absorbent beaucoup d'argent, et on sacrifie ensuite l'intérieur du bâtiment, qui est incommode ou mal distribué.

17

bre de surveillance, voit les détenus dans les
salles de travail.

Nous désapprouvons le système de tenir renfermés, même de jour, les détenus pour le travail dans des cellules solitaires (1). Cette peine
porte l'homme au désespoir ; elle ôte l'émulation
de bonne conduite ; elle n'est pas profitable à l'administration intérieure, car on ne peut pas surveiller l'exactitude de l'ouvrage. Nous préférons
le travail en commun comme le plus propre à
soulager l'Etat (2) de la nourriture des prisonniers ; mais ce même travail ne doit être ni trop
varié, ni bruyant, ni dangereux pour la sûreté de la prison, ni de difficile exécution. On
devra choisir les arts les plus propres aux pro-
ductions indigènes (3), les plus nécessaires aux

(1) Cette peine ne différait pas de *la gêne* de l'ancien
Code français, ni du *carcere duro* des Autrichiens.

(2) La France, depuis 1827 à 1830, paya, pour l'entretien de dix-huit mille détenus dans les maisons centrales,
la somme de treize millions et plus. Ainsi les prisons, qui,
en France, sont à la charge des contribuables, ont produit, à Baltimore, en trois ans, deux cent trente-cinq mille
francs, déduction de tout frais.

(3) Il faut, comme à la prison d'Auburn, occuper un
cinquième des bras pour le service de la maison, savoir :
habillement, chaussure et blanchissage ; les quatre cent
cinquante autres détenus sont livrés à l'entreprise, qui est
délibérée tous les ans. Français ! ne craignez pas la dépré-
ciation dans les produits par l'établissement de manufactures aux prisons.

localités, et les plus convenables au commerce du pays.

Le prix du travail, d'après l'art. 14 de notre projet de Code pénal, cédera pour moitié en faveur de la maison, un quart au détenu correctionnellement, afin d'en disposer pour les besoins, et l'autre quart en réserve pour lui être assigné lors de sa mise en liberté. Lorsqu'il s'agira des forçats, dont à l'art. 9 de notre projet, la valeur du travail sera partagée en cinq portions (1) dont trois céderont à la maison, une autre disponible pour les besoins du criminel, la cinquième en réserve. Ce partage nous paraît adapté à la nature de la peine, à sa durée, et à la dette plus forte contractée par le criminel envers la société et envers le gouvernement qui la représente.

Nous désirons, en temps de nuit, l'emprisonnement solitaire dans des cellules, comme à Genève (2), et dans la maison d'Auburn ou New-

---

(1) En Amérique, on admet en principe que le condamné aux travaux forcés doit à la société tout son travail pendant sa peine, et on n'accorde qu'un subside de trois dollars aux libérés.

(2) Les cellules sont au second étage; elles sont plus saines que celles de Lausanne, dont les portes donnent dans les salles des ateliers. (*Voyez* les deux plans.)

On pourrait, par des cloisons en plâtre, adapter les prisons existantes, et former des cellules sans construire de nouvelles maisons, d'autant plus que, d'après notre projet de Code, les condamnés à plus de quinze ans de fers étant

York ; mais ce qui est facile à faire pour une maison ne le serait pas pour l'établissement de vingt-sept prisons, et on obtiendra les mêmes avantages du silence et de la décence, moyennant des dortoirs divisés en cellules, et surveillés la nuit par des gardes intérieurs.

Éloignons comme à Genève les femmes de telles maisons ; elles occuperaient une localité trop vaste, comme à Lausanne ; elles seraient trop en contact avec les hommes. La surveillance des femmes (1) est moins importante, leur instruction religieuse plus facile, car le sexe est de sa nature plus dévot. On pourra, comme à Paris, assigner une localité aux femmes, et dans les autres villes leur désigner un local dans la maison du dépôt correctionnel. Le système pénitentiaire établi sur de telles bases donnera au détenu de l'habitude au travail, de la frugalité, de l'ordre ; il opérera un bien social, quoique la réforme radicale, surtout pour les voleurs, ne soit pas présumable. Ce système pourra, nous le pensons, être applicable même à une grande monarchie.

---

exclus du pénitentier, le nombre serait de beaucoup diminué, en renvoyant aussi les vagabonds aux dépôts de mendicité ou maisons de refuge, aux colonies agricoles, et les garçons sans aveu en les employant comme mousses sur les bâtimens, ou comme apprentis dans des ateliers.

(1) Il y a de grandes difficultés à les soumettre au régime, surtout au silence ; il faut les occuper aux travaux utiles à la maison pénitentiaire.

Il faudra toujours pour les vagabonds et pour les gens sans aveu des dépôts de mendicité ou bien des colonies agricoles (1), dont la dépense ne serait pas à la charge de l'État, moyennant un bon régime.

Législateurs et ministres d'état, pénétrez-vous de cette maxime : *Que toute peine qui n'a rien de fixe, qui flotte entre la crainte et l'espérance, est une peine mal organisée.....* En conséquence, mettez avant tout les peines en harmonie avec les délits, en prenant pour base l'équité publique ; car si le premier objet d'une peine est la satisfaction et l'exemple dus à la société pour l'infraction de la loi, le second doit être de corriger dans la prison l'individu qui, avec le temps, doit rentrer dans sa patrie. Établissez à cette fin, comme nous l'avons dit, des limites fixes pour la diminution graduelle des peines dans les maisons pénitentiaires, d'après le résultat de la correction et bonne conduite des condamnés, et confiez-en la décision à des magistrats intègres. Que cette décision soit la règle unique pour accorder la grâce

_____

(1) Ces colonies sont de deux espèces : les unes, libres, composées de familles ou d'individus sans fortune, qui s'engagent volontairement, dont nous avons un modèle en Hollande. Les autres colonies, forcées, pour y faire travailler les gens sans aveu, les prévenus de délit de vagabondage, telles que la colonie moderne érigée en Belgique. La France a quatre millions de marais, landes et bruyères, sur la totalité de cinquante-deux millions d'hectares.

souveraine aux détenus, et vous détromperez par ce moyen les hommes qui prennent leurs vœux pour des espérances, et leurs espérances pour des probabilités, lorsqu'un bureau gratuit au financier de grâce est ouvert aux criminels avant ou après le jugement et pendant toute la durée de la détention : soyez persuadés qu'en général les malaises de la société proviennent non du manque de travail et de pain, conséquemment d'une cause matérielle, mais plutôt d'une cause morale, savoir, du défaut d'instruction religieuse dans les garçons abandonnés à leur volonté, qui les rend incapables de subordination dans les ateliers ou dans les écoles envers leurs maîtres.

Nous espérons que de telles maisons seront peu à peu établies dans tous les états de l'Europe civilisée, qu'elles seront bâties sans luxe extérieur, mais de manière à séparer les deux sexes, et de même les criminels par catégories. Nous souhaitons que des lois stables, des réglemens clairs et économiques, seront sanctionnés, que des manufactures moins bruyantes, utiles à la nation, seront adoptées, et que l'administration intérieure desdites maisons sera ambitionnée comme en Amérique et en Suisse par les personnes les plus respectables, par les hommes les plus philanthropes, par ceux qui, ayant été maltraités par la fortune, ont plus pitié des malheureux.

FIN.

TABLE.

FIN DE LA TABLE.

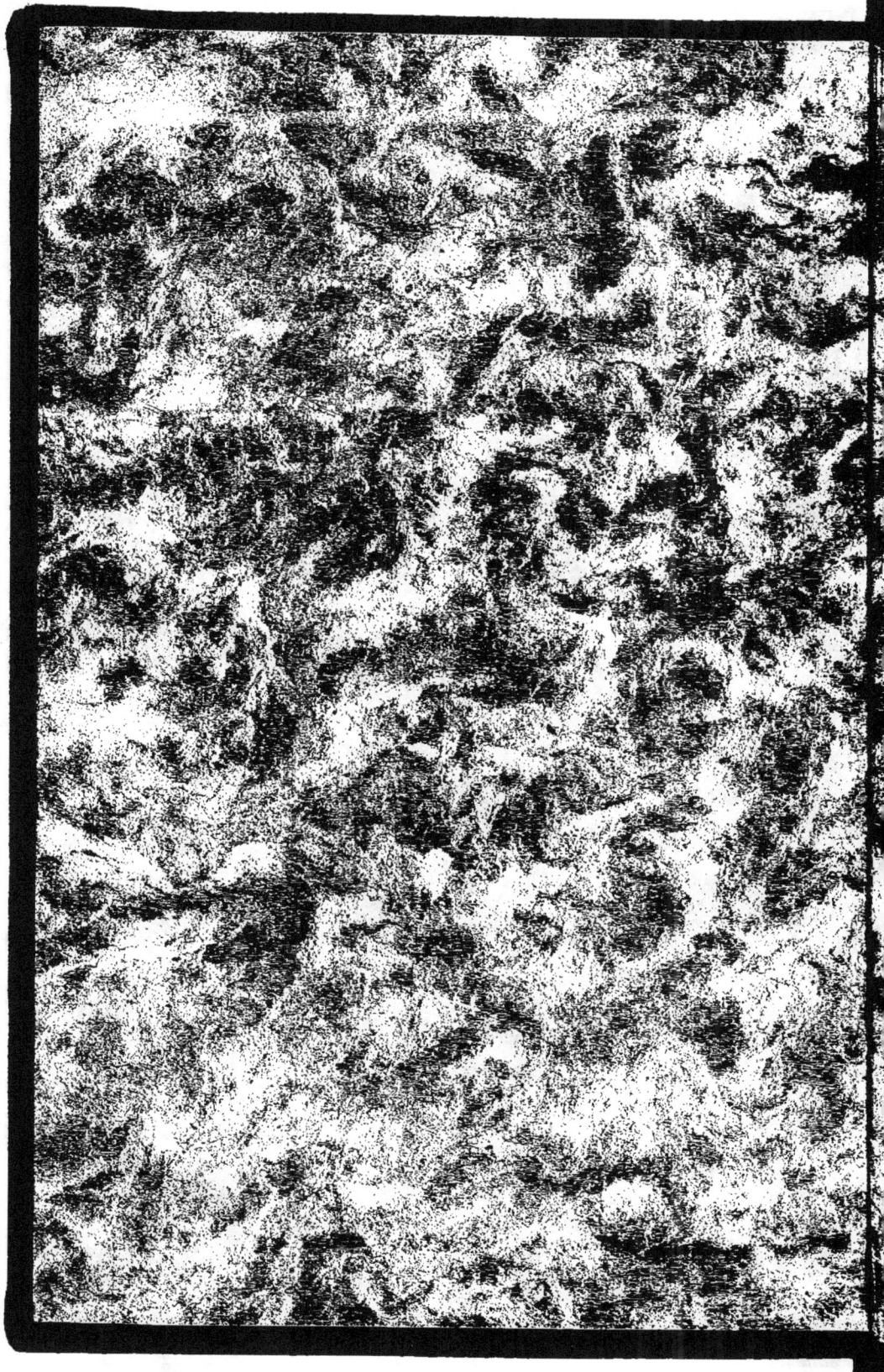

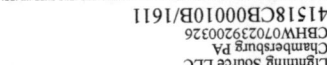